RÉPUBLIQUE FRANÇAISE

MINISTÈRE DU COMMERCE, DE L'INDUSTRIE
DES POSTES ET DES TÉLÉGRAPHES

DIRECTION DE L'ENSEIGNEMENT TECHNIQUE

PROGRAMMES-TYPES
DES COURS DES ÉCOLES PRATIQUES
DE COMMERCE ET D'INDUSTRIE
POUR LES JEUNES FILLES

PROGRAMMES PROVISOIRES

PARIS
IMPRIMERIE NATIONALE

MDCCCCXVI

PROGRAMMES-TYPES
DES COURS DES ÉCOLES PRATIQUES
DE COMMERCE ET D'INDUSTRIE
POUR LES JEUNES FILLES

PROGRAMMES PROVISOIRES

RÉPUBLIQUE FRANÇAISE

MINISTÈRE DU COMMERCE, DE L'INDUSTRIE
DES POSTES ET DES TÉLÉGRAPHES

DIRECTION DE L'ENSEIGNEMENT TECHNIQUE

PROGRAMMES-TYPES
DES COURS DES ÉCOLES PRATIQUES
DE COMMERCE ET D'INDUSTRIE
POUR LES JEUNES FILLES

PROGRAMMES PROVISOIRES

PARIS

IMPRIMERIE NATIONALE

MDCCCCXVI

PROGRAMMES-TYPES

DES COURS DES ÉCOLES PRATIQUES

DE COMMERCE ET D'INDUSTRIE

POUR LES JEUNES FILLES.

PROGRAMMES PROVISOIRES.

OBSERVATIONS PRÉLIMINAIRES.

Les horaires-types et les programmes-types des Écoles pratiques de commerce et d'industrie sont destinés à guider les Conseils de perfectionnement.

Ils ne sont donc pas rigoureusement imposés dans leur lettre et peuvent recevoir toutes les modifications qui seront reconnues justifiées par les circonstances locales, pourvu que ces modifications ne portent pas atteinte à l'idée directrice qui a présidé à leur établissement.

Il est donc nécessaire, tant pour l'application des programmes qui vont suivre que pour l'étude de leur adaptation aux besoins régionaux et locaux, de préciser l'esprit dans lequel ils ont été conçus et les conditions dans lesquelles ils doivent être appliqués.

CARACTÈRES DES HORAIRES ET PROGRAMMES.

En arrêtant les horaires et les programmes généraux des Écoles pratiques de jeunes filles, le Conseil supérieur de l'Enseignement technique et l'Administration se sont inspirés de l'objet même de ces établissements qui poursuivent un but bien défini : l'apprentissage d'une profession industrielle, commerciale ou ménagère. Mais il n'a pas été perdu de vue que l'enseignement professionnel proprement dit ne devient réellement efficace que s'il s'appuie sur une base solide formée d'un certain nombre de connaissances générales que ne possède pas encore l'élève sortant de l'École primaire. Il importe donc qu'une place importante soit faite à l'enseignement de ces connaissances dès le début de la scolarité. Le temps qui leur est consacré doit, par contre, être plus restreint en deuxième année et plus encore en troisième, tandis que l'horaire des divers enseignements qui concourent plus directement à la formation professionnelle de la future ouvrière ou de la future employée s'accroît au fur et à mesure qu'on s'avance vers la fin de la scolarité. C'est ainsi que la troisième, celle qui précède l'entrée dans l'industrie ou le commerce, a été réservée presque entièrement à l'enseignement professionnel proprement dit. Dans le même ordre d'idées, il a été prévu, à la fin de la troisième année, une période d'entraînement au cours de laquelle les enseignements théoriques seront supprimés au profit des travaux pratiques.

D'autre part, l'Administration n'a pas oublié le rôle que toute femme est appelée à remplir au foyer, pour assurer le bien-être et la prospérité de la famille. Leurs emplois dans le commerce ou l'industrie ne laissent à la plupart de nos anciennes élèves ni le temps, ni les moyens de se préparer aux devoirs qui les attendent. Une solide éducation ménagère s'impose donc dans nos Écoles. Pour répondre à cette nécessité, l'enseignement ménager a sa place dans l'horaire des deux sections. Il doit être donné indistinctement à toutes les élèves, pendant les trois années de leur séjour à l'École.

C'est en tenant compte de ces diverses considérations qu'on a établi les programmes-types. Ils ne comportent que les connaissances qui conviennent à tous les élèves, sans tenir compte des besoins spéciaux relatifs à la région.

Pour répondre à ces besoins particuliers, qu'il appartiendra au Conseil de perfectionnement d'étudier et de faire ressortir, cette Assemblée aura à prévoir, pour chaque École, des programmes spéciaux qui devront être soumis à l'approbation du Ministre.

INSTRUCTIONS PÉDAGOGIQUES GÉNÉRALES.

ORIENTATION DE L'ENSEIGNEMENT.

Tous les enseignements doivent converger nettement vers un but précis : l'apprentissage. Il est, à cette fin, nécessaire que chaque professeur se garde de s'isoler dans son cours et de le considérer comme se suffisant à lui-même. Au contraire, il doit se persuader que son enseignement est étroitement solidaire de celui de ses collègues et s'efforcer de se tenir constamment d'accord avec eux.

L'ensemble des matières du programme formera ainsi un tout dont les différentes parties se prêteront un mutuel appui.

Chaque programme d'enseignement est accompagné d'instructions pédagogiques particulières à cet enseignement. Les professeurs et maîtres de tout ordre chargés de l'application des programmes devront en tenir le plus grand compte.

Ils s'attacheront à donner à leur enseignement le caractère pratique qui le rendra nettement professionnel. Ils prendront soin cependant de n'en point négliger le côté éducatif : leurs efforts tendront à développer chez leurs élèves les facultés d'observation et de réflexion, et à faire l'éducation de leur esprit et de leur caractère.

L'éducation de la future ouvrière ou de la future employée de commerce résultera, d'ailleurs, de sa préparation professionnelle elle-même. Il ne faut pas oublier, en effet, que cette préparation consiste non seulement à donner aux élèves les connaissances théoriques et pratiques qui leur seront nécessaires pour l'exercice de leur profession, mais encore à leur permettre d'acquérir des habitudes de goût, d'ordre, de méthode, aussi précieuses à l'ouvrière qu'à l'employée de commerce.

C'est à cette œuvre d'éducation générale, faite du développement harmonieux de toutes les facultés de l'enfant, que chaque maîtresse doit concourir et apporter tous ses soins, quel que soit l'enseignement dont elle est chargée.

Dans cet ordre d'idées, il lui est expressément recommandé

de s'attacher également au fond, à la forme et aux conditions de préparation des exercices qu'elle donne à ses élèves. En exigeant de celles-ci des devoirs bien orthographiés et convenablement rédigés, on prêtera au professeur de français un concours des plus fructueux; en tenant la main à ce que les divers travaux écrits soient présentés avec goût, on apportera au professeur de dessin un appui des plus utiles, indépendamment des habitudes de netteté et de clarté que l'élève retirera de cette application; enfin, en recherchant toutes les occasions, soit dans les exercices de classe, soit dans les travaux pratiques, de faire appel à l'effort intellectuel, en demandant au raisonnement plus qu'à la mémoire, on donnera à nos jeunes apprenties de l'industrie et du commerce les qualités d'initiative, de volonté et d'énergie qui sont le fondement même de la personnalité.

MÉTHODE.

Les instructions pédagogiques qui accompagnent les programmes n'ont pas pour objet d'imposer une méthode au professeur et de restreindre son initiative. Elles indiquent seulement les limites dans lesquelles il doit se tenir et l'esprit particulier qui doit le guider, de manière à créer une unité de vue et d'action dans l'ensemble du personnel collaborant à une œuvre commune.

Il convient cependant de condamner d'une façon générale la méthode purement expositive, et de recommander aux professeurs de faire participer le plus possible les élèves à la leçon, en tenant leur attention en éveil par des questions utilement posées, en les intéressant au sujet développé.

Après le développement de chaque point, le professeur peut faire écrire un résumé très succinct de l'objet de la leçon. Ce procédé a l'avantage de détendre l'esprit des élèves et de leur laisser un plan pour l'étude de cette leçon.

On évitera d'une façon absolue les cours dictés qui obligent les élèves à une besogne plutôt routinière, ne mettant en œuvre aucune des qualités de l'esprit. On s'en tiendra à un bon manuel qu'on utilisera et que l'on complétera suivant les besoins, autant que possible par des notes autographiées.

Dans les interrogations faites en classe, il est recommandé

de ne pas s'en tenir à l'élève au tableau, mais bien d'y faire participer toute la classe, en s'assurant fréquemment que toutes les élèves suivent l'interrogation. Nous recommandons l'emploi assez souvent répété de l'interrogation écrite collective pour stimuler et contrôler le travail de la classe entière.

Enfin, il est indispensable de faire donner aux études surveillées tous les avantages qu'on doit en attendre. Il n'est pas douteux que l'enseignement reçu en classe ne sera réellement profitable qu'autant que l'élève sera mise à même de s'assimiler par un travail personnel les notions enseignées. En conséquence, il est recommandé à la maîtresse chargée de ce service de ne pas se borner à un rôle strict de surveillance. Il convient au contraire qu'elle s'assure que les élèves travaillent effectivement. Elle doit vérifier si les leçons ont été régulièrement préparées et les devoirs faits. Elle ne manquera pas, le cas échéant, de donner les conseils ou les explications qu'elle jugera utiles.

L'influence des études sur les résultats de l'enseignement peut être des plus heureuses si chaque professeur se pénètre bien des conditions dans lesquelles elles doivent être surveillées.

SECTION INDUSTRIELLE.

HORAIRE-TYPE.

	1re ANNÉE.	2e ANNÉE.	3e ANNÉE. 1re PÉRIODE.	3e ANNÉE. 3 DERNIERS MOIS.
	heures.	heures.	heures.	heures.
Ateliers	17	20	23	33
Dessin	5	4	4	4
Morale et notions de législation ouvrière [1]	1/2	1/2	1	"
Langue française	3	3	2	"
Histoire	1	1	1 (Histoire et Géographie)	"
Géographie	1	1		
Arithmétique	2	2	1	"
Géométrie	1	1	"	"
Comptabilité	"	"	1	"
Sciences	2	2	2	"
Écriture	1/2	1/2	"	"
Enseignement ménager	4	4	4	4
Études et récréations	7	5	5	3
TOTAUX	44	44	44	44

(1) Notions de législation ouvrière, en troisième année seulement.
Deux heures seront consacrées à la coupe et à la couture usuelles.

SECTION COMMERCIALE.

HORAIRE-TYPE.

	1re ANNÉE.	2e ANNÉE.	3e ANNÉE.	
			1re PÉRIODE.	3 DERNIERS MOIS.
	heures.	heures.	heures.	heures.
Comptabilité et commerce.	2	3	3	"
Exercices pratiques (monographie et bureau commercial).........	2	3	3	8
Législation commerciale. .	"	1	1	"
Économie commerciale....	"	"	1	"
Géographie............	2	2	2	"
Français, correspondance commerciale.........	4	3	3	3
Langues étrangères......	5	5	5	10
Arithmétique et calcul algébrique	3	3	2	"
Sciences appliquées à l'étude des marchandises, à l'hygiène et à l'économie domestique.	2	2	2	"
Calligraphie, sténographie, dactylographie.........	3	3	3	9
Morale...............	1/2	1/2	1	"
Histoire	1	1	1/2	"
Dessin	1 1/2	1 1/2	1 1/2	"
Enseignement ménager...	6	4	4	4
Études et récréations....	12	12	12	10
TOTAUX...........	44	44	44	44

SECTION INDUSTRIELLE.

ATELIERS.

HORAIRE :

1re année	17	heures par semaine.
2e année	20	—
3e année	23	—

INSTRUCTIONS PÉDAGOGIQUES.

Le chef d'atelier qui interprète les programmes des travaux manuels et dirige les ateliers, la préposée à l'apprentissage à qui incombent plus particulièrement les détails d'exécution ne doivent pas perdre de vue qu'elles ont à donner à l'élève une connaissance aussi complète que possible de son métier, et qu'elles ont à développer chez elle les qualités d'initiative, de méthode, d'ordre, de soin, d'économie qui s'ajoutent à l'habileté chez la bonne ouvrière.

Pour cela, un enseignement méthodique et une vigilance de tous les instants sont nécessaires; il faut préparer graduellement l'apprentie aux difficultés de son métier, suivre, aider et encourager ses efforts.

Si le résultat importe, les procédés employés pour l'atteindre ne doivent pas moins préoccuper la maîtresse. Dès la première leçon, elle insistera sur l'attitude de l'élève pendant le travail, sur la pose des mains, sur la manière de tenir l'ouvrage et l'outil, sur le mode de préparation et d'exécution : les mesures trop souvent prises, les points de repère trop multipliés nuisent à la rapidité de l'exécution; il faut veiller à ce que la jeune apprentie n'en abuse pas.

On ne saurait trop lutter contre la lenteur, résultat inévitable des tâtonnements de l'apprentie inexpérimentée, mise en présence d'un travail nouveau pour elle. Elle se corrige vite à l'atelier de cette lenteur qu'on lui reproche; néanmoins nous recommandons la tâche journalière, de fréquents exercices de vitesse et d'entraînement.

Des exercices d'études et des travaux collectifs, en temps limité, des compositions assez fréquentes et judicieusement choisies stimuleront l'activité et l'initiative des élèves.

La clientèle indispensable pour alimenter les ateliers et fournir des travaux intéressants et variés ne doit pas nuire à l'apprentissage complet et méthodique des élèves. On subordonnera la satisfaction des clients aux nécessités d'un enseignement dont le programme est tracé et doit être suivi. Les travaux seront momentanément suspendus, si ces exercices collectifs s'imposent, si les compositions de fin de mois ou de fin de trimestre le demandent.

Il est nécessaire d'exiger des ouvrages soignés et bien finis, de veiller à l'économie des produits et fournitures employés, à l'entretien des outils, des machines et du matériel, à l'ordre et au rangement de l'atelier.

Sur un carnet d'atelier obligatoire, l'élève inscrira, à mesure et à leur date, les divers travaux exécutés par elle, le nombre d'heures accordées pour chaque travail et, en regard, le temps qu'elle y aura employé, la quantité et le prix des fournitures, le prix de revient. Le croquis de l'ouvrage précédera l'exécution toutes les fois que le chef d'atelier jugera cet exercice nécessaire.

COUPE ET COUTURE.

Il importe, au début, d'apprendre à l'élève à bien coudre. C'est pourquoi une très large place est faite à la lingerie en première année.

On attendra la deuxième année pour permettre l'usage de la machine à coudre. La maîtresse en fera connaître les différentes pièces, expliquera le mécanisme, montrera elle-même comment se font le réglage, le graissage et le nettoyage de la machine, la pose et l'enfilage de l'aiguille et de la navette, le changement de canette, l'emploi des guides. Elle mettra l'élève en garde contre les accidents possibles, et veillera à l'entretien et à la conservation des différentes pièces.

L'élève ou les élèves employées à la confection d'un vêtement assisteront à l'essayage; en troisième année, elles le feront elles-mêmes. L'essayage aura lieu, autant que possible, à des jours et heures déterminés, choisis de telle sorte que la présence des clients ne puisse nuire ainsi au travail et à la discipline des élèves.

L'enseignement de la coupe (tracé de patrons) et du moulage suivra le programme de couture et sera donné par la même maîtresse. L'élève conservera ses patrons et inscrira sur son carnet d'atelier les instructions relatives au tracé ou au moulage de chaque objet.

PROGRAMME.

PREMIÈRE ANNÉE.

Étude des divers points de lingerie. — Point devant, point de côté, point arrière, point de surjet, point croisé, point de feston, point de boutonnière, point de marque et point de chaînette, points de fantaisie, point roulé et jours.

Pièces d'étude. — Ourlets, surjets, coutures surfilées, coutures rabattues, coutures anglaises, plis plats, plis creux. Ourlets ajourés. Boutonnières et brides, fronces et montage de fronces, attache de rubans, pose de boutons. Morceaux rapportés.

Coupe et couture d'objets de layette et de trousseau. — Brassière, bavoir, couche-culotte. Jupon, pantalon, chemise de jour, chemise de nuit.

Étude des points énumérés plus haut sur étoffe de laine simple ou doublée. — Pièces d'étude : Morceaux rapportés. Gansage, liserés et rouleautés. Boutonnières, pose d'agrafes et de portes. Poches de jupes et montage de poches, bords de jupes, ceintures, empiècements, volants et plissés, etc.

Coupe et couture de vêtements simples. — Tabliers, jupons et robes de baby.

DEUXIÈME ANNÉE.

Pièces d'étude. — Boutonnières, liserés et rouleautés, différentes sortes de bordages, poches et parements, cols.

Boutons recouverts. Morceaux rapportés.

Étude de la machine à coudre. — Nettoyage, démontage et réglage. Exercices de piqûres.

Doublure de corsage. — Tracé et coupe du patron ou moulage sur mannequin. Préparation et couture, surfilage ou bordage des coutures, pose des rubans de baleines, du ruban de taille, des baleines, des portes et agrafes. Terminaison des bords du devant et du bord inférieur. Col et manches. Travail de rectification, après essayage par la maîtresse.

Tracé de patron ou moulage, coupe, préparation et couture de vêtements simples. — Robes de baby, jupons, jupes, chemisettes, costumes pour fillettes et jeunes filles. (Coupés, apprêtés et essayés avec l'aide de la maîtresse.)

TROISIÈME ANNÉE.

Exercices collectifs. — 1° Moulage sur mannequin de différentes formes de corsages et de jupes;

2° Soutache, garnitures, ornements variés. Parties du corsage; revers et cols tailleurs, poches.

Costumes et vêtements d'enfants et de dames. — Exécutés pour la clientèle. (Moulage, préparation et essayage faits par l'élève.)

LINGERIE.

PREMIÈRE ANNÉE.

Étude des divers points de lingerie. — Point devant, point de côté, point arrière, point de surjet, point croisé, point de feston, point de boutonnière, point de marque, point de chaîne. Points de fantaisie, point roulé et jours.

Pièces d'étude. — Ourlets, surjets, coutures surfilées, coutures rabattues, coutures anglaises, plis plats, plis creux. Ourlets ajourés. Boutonnières et brides. Fronces et montage de fronces. Attache de rubans, pose de boutons. Morceaux rapportés. Festons divers.

Linge de maison. — Torchons, tabliers de cuisine, serviettes, nappes, draps et taies d'oreiller.

Layette. — Brassière, bavoir, couche-culotte.

Trousseau pour enfants et dames. — Jupon, pantalon, chemise de jour, chemise de nuit.

DEUXIÈME ANNÉE.

Points d'incrustation.
Broderie anglaise et plumetis.
Objets de layette et de trousseau avec ornements de broderie et dentelle (modèles variés).
Robes de dessous, tabliers et robes de baby. Cache-corsets.

TROISIÈME ANNÉE.

Confection de trousseaux (lingerie fine).
Robes de baby et de fillette. Jupons de dessous pour dames.
Matinées et corsages. Costumes.

MODES.

PREMIÈRE ANNÉE.

Petits apprêts. — Ourlage de coiffes. — Laitonnage de barettes et de formes.

Apprêts. — Confection de formes en laiton recouvertes de mousseline.

Relevé de patrons.
Confection d'après patrons, de formes en linon et en sparterie.

Ornements. — Biais, rouleautés, coulissés et bouillonnés en mousseline, crêpe, satin et velours. Points de fantaisie pour garnitures. Ruches et plissés en mousseline.
Rehaussage et raccords de dentelles. Perlage de tulle et de dentelles. Galons et fonds de chapeaux ornés de jais.
Coulissés de chapeaux ronds en mousseline, lainage ou velours.

Capotes et béguins d'enfant, en mousseline ou en soie coulissée ornés de ruban.

DEUXIÈME ANNÉE.

Apprêts. — Confection de formes en laiton. — Relevé de patrons et confection des mêmes formes en sparterie.
Formes tendues en velours, satin et crêpe.
Formes en paille cousue et galons fantaisie.
Chapeaux coulissés.
Confection de nœuds en biais et en ruban.

Ornements. — Repassage du velours et du crêpe. Refrisage des plumes.
Montage de fleurs. — Drapés de velours et de satin.
Application de dentelles sur mousseline, tulle et velours.
Remise à neuf du tulle et de la dentelle. Coiffure de dentelle.

Chapeaux d'enfants, de fillettes et de dames.

TROISIÈME ANNÉE.

Continuation des exercices de deuxième année.
Confection de chapeaux pour la clientèle.

CORSETS.

PREMIÈRE ANNÉE.

Pièces d'étude : points de bride, de chausson, de surjet, œillets à la main, boutonnières.
Rabats, bordage, points de reprise, de tulle et points croisés. Éventaillage traversé et non traversé, en amande et croisé.
Pose d'œillets et d'agrafes. Montage de busc avec pattes et sans pattes.

Réparation de corsets.

Brassière à plis. — Piquée et bordée à la main.

Étude de la machine : nettoyage, démontage et remontage ; réglage. Piqûre à la machine : confection d'une longue bande de coutil sur laquelle l'élève pose des rubans et les pique à la machine pour baleiner et éventailler ensuite. Étude du baleinage. Préparation de la baleine. Gansage et bordage à la machine.

Brassière à plis, piquée et bordée à la machine.

Corset d'enfant : gansé avec épaulettes, et boutonné par devant.

DEUXIÈME ANNÉE.

Apprêts. — Brides. Rabats. Pose de rubans et du busc. Piquage à la machine. Baleinage divers. Éventaillage. Arrondissage. Repassage. Garnissage.

Réparation de corsets.

Confection de divers genres de corsets : Brassière à plis avec épaulettes. Épaulettes de redressement pour jeunes filles. Corset doublé, rabattu à la machine et à la main. Corset de fillette, gansé avec goussets bridés et épaulettes croisées. (Coupés et préparés par l'élève.)

TROISIÈME ANNÉE.

Réparation de corsets.

Corsets de jeunes filles et de dames. — Mesures à prendre. Patron, coupe, bâtissage, essayage et rectification, confection. Corsets pour la clientèle.

BRODERIE.

Les modèles des broderies exécutées à l'école seront, autant que possible, composés au cours de dessin, décalqués ou poncés au cours de broderie, par les élèves brodeuses. On leur apprendra en outre à modifier, à transformer des modèles puisés dans les journaux.

La brodeuse a souvent besoin de reproduire, d'agrandir ou de diminuer un dessin, il est indispensable qu'elle sache exécuter elle-même ce travail.

La collaboration du professeur de dessin et de la maîtresse de broderie sera parfois nécessaire pour la composition des modèles.

BRODERIE SUR BLANC.

PREMIÈRE ANNÉE.

Montage sur toile cirée. Tracé et rembourrage. Point de feston.

Différentes sortes de festons : dents rondes, dents pointues, dents de rose.

Étude des divers points : plumetis, cordonnet, cordonnet oblique, point de tige, point de sable, point de piqûre croisé, point d'armes, points de poste.

Œillets au point de cordonnet et au point de feston.

Pois. — Différentes manières de les exécuter.
Bandes festonnées avec œillets et pois.
Découpage du feston.

Feuilles. — Différentes manières de les exécuter.

Brides festonnées.

Divers genres de broderie : broderie anglaise, broderie Renaissance et plumetis.
Application à de petits ouvrages en lingerie.

DEUXIÈME ANNÉE.

Métier à broder. — Pose de l'ouvrage sur le métier.

Chiffres, monogrammes et vignettes de différentes grandeurs sur toile cirée et au métier. (Varier l'exécution des chiffres et vignettes et passer graduellement des chiffres simples aux chiffres riches et compliqués. Combiner les divers points étudiés en première année.)

Différents genres de broderie : Broderie Richelieu, broderie Madère, broderie Vénitienne, broderie Danoise. Piqué. Broderie Suisse. Broderie sur tulle avec applications.
Étude des différentes sortes de jours à fils coupés et à fils tirés.
Applications à divers ouvrages.

TROISIÈME ANNÉE.

Continuation de l'étude du chiffre et des différents genres de broderie.
Applications à des ouvrages variés.

Nota. En deuxième et troisième années, l'étude du chiffre alternera avec les divers exercices de broderie; elle occupera au moins la moitié du temps à l'atelier. Il y aurait avantage, en troisième année, à spécialiser pour le chiffre ou pour un genre déterminé les élèves qui en exprimeraient le désir.

BRODERIE D'AMEUBLEMENT ET COSTUMES.

PREMIÈRE ANNÉE.

Montage des métiers.

Broderie au passé non bourré, en coton, puis en laine ou en soie sur cotonnade ou calicot (on peut se servir pour faciliter les premiers exercices, de cretonnes imprimées en couleur et représentant des fleurs, des feuillages et des ornements).

Graine, crochet, perlage de dentelles.

Broderie au passé, bourré en laine, en soie d'Alger et soie de Chine. Étude du nuancé, du jaspé. Perlés, soutache, ganse, canetille.

Compositions en soie bourrée et non bourrée avec le nuancé indiqué par la maîtresse.

Broderie au passé exécutée au cordonnet.

Broderie au passé, nuancée; point en soie d'Alger, et en soie de Chine sur laine, sur soie et sur étamine. Pailletés, lamés et perlés sur tulle.

Applications à des ouvrages très simples.

DEUXIÈME ANNÉE.

Ponçage des dessins.

Étude du nuancé appliqué à différents points.

Continuation des broderies au passé nuancé sur différentes étoffes.

Application sur drap et soie, de velours et étoffes de fantaisie avec ganses, galons et points de fantaisie.

Application de drap sur drap. Point de Boulogne, point natté, point couché. Graines, soutaches. Soie mi-perlée.

Passé sur gaze, sur tulle, sur velours et sur peluche.

Travaux divers sur tulle : lamé, point de fantaisie, chenille.

Application sur le métier de vêtements à broder. Exécution de la broderie.

TROISIÈME ANNÉE.

Broderie or, argent et soie appliquée aux costumes de femmes.

Broderie sur gaze et sur tulle, broderie sur crêpe.

Exécution des travaux de broderie pour la clientèle.

DENTELLES.

La dentellière doit, même pour gagner peu, produire beaucoup.

Il est nécessaire d'acquérir une grande dextérité, et pour cela il faut spécialiser l'élève.

Nous donnons ci-dessous, à titre d'indication, un programme pour les différentes catégories de dentelles.

DENTELLES AUX FUSEAUX.

PREMIÈRE ANNÉE.

Tracé, relevé et piquetage des modèles simples. — Garnissage des fuseaux; arrêt du fil. Pose du modèle sur le métier. Mise en œuvre.

Différents motifs de la dentelle aux fuseaux. — Passés. Cordes. Croisement de cordes. Point de toile, tresse, grille, natte. Point d'esprit. Grain d'orge ou araignée. Fond torchon et fond toile.

Exécution de petites dentelles avec ces éléments. — Emploi de 14 et 22 fuseaux.

Fonds à cordes de deux : Point de Dieppe. Point de tulle. Point de Bruxelles. Fond à la vierge. Point de rose ou fond mariage. Fond épingle close.

Fonds à cordes de quatre : Fond Valenciennes.

Exécution de dentelles de lingerie et d'entre-deux. — Emploi de 26, 32 et 36 fuseaux.

Dentelle torchon. Dentelle nattée. Lacets.

DEUXIÈME ANNÉE.

Relevé, tracé, agrandissement et piquetage des modèles.

Application des divers motifs et fonds étudiés en première année Dentelles et entre-deux variés. Dentelles du Puy, Cluny, Bruges.

TROISIÈME ANNÉE.

Encadrements et coins de mouchoirs. Cols. Guimpes. Empiècements. Travaux divers.

DENTELLES À L'AIGUILLE.

PREMIÈRE ANNÉE.

Étude des différentes sortes de points : Brides à point de surjet, à point de feston, à picots vénitiens, à picots festonnés, à picots avec point de poste, à double point de feston. Brides ramifiées.

Point russe simple. Point russe tourné. Point à colonnes. Entre-deux à boucles, à points perlés, à faisceaux, à branches, à feuilles, à petites roues, à grandes roues, à cônes, à carreaux, à demi-brides.

Points de dentelles.

Alterner ces études avec l'exécution de dentelles simples réunissant les éléments étudiés. Dentelles Irlandaises.

DEUXIÈME ANNÉE.

Récapitulation de l'étude des points.

Exécution de dentelles : Dentelles irlandaises. Point de Flandre. Point de Venise, de Gênes et de Milan. Point à l'aiguille. Dentelle danoise, etc.

TROISIÈME ANNÉE.

Suite des exercices de deuxième année. Composition et exécution de cols, coins de mouchoirs, guimpes et empiècements, etc.

DENTELLES AU CROCHET.

PREMIÈRE ANNÉE.

Différents points de crochet : maille, chaînette, barrettes, demi-barrettes. Picots. Côtes. Boules. Point tunisien. Point de marguerite, etc.

Applications : divers travaux faits en laine; fichus, brassières, chaussons, gilets, etc.

Crochet de fil. — Exécution de dentelles, entre-deux, carrés et rosaces. Modèles divers. (Crochets et fils employés de plus en plus fins.)

DEUXIÈME ANNÉE.

Guipure d'Irlande. — Étude séparée des divers motifs : Chaînette avec barrettes et demi-barrettes. Picots. Anneaux simples. Anneaux avec picots. Chaton. Cyclamen. Rose. Trèfle à quatre feuilles. Roue paillasson. Soleil. Grille.

Aterner l'étude de ces éléments avec l'exécution de dentelles, entre-deux, carrés, etc., les réunissant.

TROISIÈME ANNÉE.

Guipure d'Irlande. — Suite de l'étude des divers motifs : Marguerite, pâquerette, feuille de laurier, éventail, tourniquet, étoile de mer, étoile à cinq branches, dragons, chimères, rosaces, grappes de raisin, double trèfle.

Exécution de cols, écharpes, boléros, etc.

FLEURS.

PREMIÈRE ANNÉE.

Cotonnage de ceps. Fabrication de moules en coton, de queues cotonnées et passées au papier. Dressage de métiers et apprêts des étoffes. Gaufrage à la presse. Exercices pratiques de découpage. Assemblage à la soie de quelques graines sur ceps. Fabrication de cœurs, simples. Gaufrage à la pince. Cerclage, pinçage de petites griffes, monture de petites branches.

Collage de coutures pour calices et corolles à pétales soudés.

Fleurs simples : myosotis, muguet, gaufrage de lilas, violettes gaufrées à la presse et à la main; oreilles d'ours, mimosa, bleuets, coquelicots, boutons d'or, aubépine, boules de neige, etc.

DEUXIÈME ANNÉE.

Ceps.

Apprêt des étoffes, soie, satin et velours. Découpage. Trempage, mouillage et rinçage des pétales (nuances faciles).

Découpage à la main de pétales pour grosses fleurs : roses, iris, tulipes, lis, etc.

Fabrication de cœurs doubles, gaufrage de pétales au doigt et à la pince. Collage et assemblage de fleurs doubles.

Boutons naissants en baudruche et en soie.

Fleurs : géraniums, pervenches, volubilis, œillets, primevères, pivoines, etc.

TROISIÈME ANNÉE.

Apprêt. Trempage de nuances fines.

Fleurs : roses, iris, pensées, grenades, orchidées faciles, chrysanthèmes, fuchsias, pavots, roses trémières.

Fleurs copiées sur nature.

Montage de branches avec feuillage. Imitation de branches naturelles.

Piquets et guirlandes pour chapeaux, pour robes et pour coiffures.

Composition de bouquets, gerbes et corbeilles.

REPASSAGE.

Une repasseuse doit savoir blanchir et raccommoder le linge. En dehors du programme ci-dessous, les apprenties repasseuses devront, dès la première année, être employées une fois par semaine au lessivage, lavage et étendage du linge, et au moins deux fois par semaine au raccommodage.

La maîtresse de repassage ne saurait trop insister, au début surtout, sur les précautions à prendre contre les brûlures et la détérioration du linge.

Elle veillera à la bonne tenue de l'élève, à la disposition de l'ouvrage sur la table, au sens et à la direction du fer.

PREMIÈRE ANNÉE.

Étirage et pliage du linge non destiné au repassage.

Repassage du linge plat; mouchoirs, serviettes, nappes, taies d'oreiller et draps.

Linge plat, froncé et double, tabliers, petits jupons, chemises de jour de femmes, pantalons.

Linge plat avec garnitures simples : chemises de nuit, tabliers d'enfants.

Faux-cols et poignets.

Chemises d'hommes unies.

(Le linge repassé en première année est humecté et empesé par les élèves de deuxième et troisième années.)

DEUXIÈME ANNÉE.

Humectage et empesage du linge.

Repassage du linge plat empesé.

Rideaux, broderies et dentelles.

Cols, manchettes, jupons de dessous ornés. Jupes et corsages simples.
Gaufrage, tuyautage, plissage et glaçage.
Faux-cols, poignets et chemises d'hommes.

TROISIÈME ANNÉE.

Continuation des exercices de deuxième année sur linge plus fin et plus orné.
Robes de baby et de fillettes. Corsages et jupes.

PROFESSIONS MÉNAGÈRES.

Voir le programme d'enseignement ménager. (Page 59.)

DESSIN.

HORAIRE.

1re année	5 heures.
2e année	4 —
3e année	4 —

INSTRUCTIONS PÉDAGOGIQUES.

Le professeur habituera, dès le début, l'élève à considérer le dessin non comme un art d'agrément plus ou moins utile, mais comme une science indispensable à la pratique de toute industrie d'art.

Il lui expliquera que le dessin est la lecture et l'écriture de la forme et de la couleur, et plus spécialement des formes et des couleurs qu'elle emploiera dans l'exercice de son métier futur; que la connaissance du dessin l'aidera pour la reproduction fidèle, en une matière déterminée, d'un modèle qu'elle pourra mieux comprendre et exécuter; que le dessin lui servira à exprimer les idées que l'observation et l'expérience professionnelles lui suggéreront; qu'elle pourra les noter avec précision pour en garder un souvenir durable, et enfin les communiquer à tous en les rendant immédiatement compréhensibles par le moyen le plus rapidement descriptif qui soit.

Le professeur donnera un enseignement général simultané et parallèle du dessin d'imitation et du dessin d'invention, en tenant compte des dispositions suivantes :

1° Présentation d'un des modèles collectifs d'une série progressive. Explications théoriques et descriptives sur le principe de sa composition: sur les rapports de ses proportions, leur caractère de disposition et de symétrie; sur le principe de son imitation et les procédés techniques spéciaux à sa reproduction graphique.

2° Exercices de justesse de vision par appréciation à vue des rapports de dimensions et de mouvements linéaires du modèle.

3° Exécution de la copie, par croquis à vue et à main levée; direction et correction.

4° Exercices mnémotechniques : reproduction de mémoire, de la copie exécutée d'après le modèle. Nouvelles explications théoriques et descriptives propres à aider la mémoire par le raisonnement et la logique.

5° Exercices de composition basée sur la disposition, dans un espace de forme et de dimension déterminées, des éléments précédemment imités. Théorie et application des principes de division, de répétition, de raccord, de symétrie, de proportion, de mouvement et de stabilité (la progression des exercices de composition restant toujours parallèle à celle de l'imitation).

6° Correction collective et comparaison des essais de composition.

L'enseignement sera divisé comme suit entre les trois années d'études: les deux premières années seront consacrées à l'étude générale simultanée et parallèle de l'imitation et de la composition; la dernière, en grande partie, à l'étude spéciale de l'application du dessin et de la composition à une industrie d'art déterminée.

PROGRAMME.

PREMIÈRE ANNÉE.

I. *Dessin géométrique et linéaire.*

Imitation des figures géométriques : carrés, rectangles, triangles, losanges, polygones, circonférences, ellipses, spirales, volutes, etc. Ornements linéaires dérivés : Grecques, étoiles, rosaces, ogives, etc.

Composition. — Division des surfaces, proportion, disposition, symétrie; association des lignes droites, des lignes courbes, des lignes droites et des lignes courbes, répétition par bandes ou nappes des motifs imités,

II. *Dessin des formes planes, souples et libres.*

Imitation. — Copies au trait de courbes irrégulières, souples et libres; éléments plats du règne végétal; ornements plats : postes, spirales, palmettes, volutes, rosaces, boucles, enroulements et rinceaux.

Composition. — Motifs pris dans les éléments imités; dispositions régulières et irrégulières du ou des motifs dans un espace déterminé en forme et en dimension.

III. *Dessin des formes en relief.*

A. *Imitation au trait* des solides géométriques ; cubes, parallélipipèdes rectangulaires, pyramides polyèdres, sphères, cylindres, cônes, ovoïdes, etc. Objets usuels. Ornements d'un faible relief, dits «modèles plan sur plan».
Théorie et application pratique des principes du géométral et de la perspective d'observation d'après les objets en relief.

B. *Imitation en clair-obscur* des solides géométriques, des objets usuels, et des ornements d'un faible relief.
Théorie et application du tracé des ombres et de l'indication des valeurs d'intensité d'après les objets en relief disposés successivement dans des éclairages différents.

DEUXIÈME ANNÉE.

I. *Imitation de la plante :* feuillages, fleurs et fruits, d'après nature.

1° Copies au trait; décomposition et analyse botanique en géométral. Plan, face, profil et coupe des détails constitutifs des plantes. Stylisation.

2° Copies en perspective, au trait et avec indication des ombres.

3° Copies à l'aquarelle avec indication des colorations naturelles.

Théorie de la couleur. Classement. Mélanges. Couleurs simples et composées. Gammes. Teintes. Contrastes. Harmonies. Combinaisons et associations. Exercices pratiques de dispositions de couleurs dans les figures géométriques très simples.

Composition. — Application des principes de la composition décorative à la disposition décorative des fleurs, fruits, feuillages dans des espaces de formes et de dimensions déterminées. (Travaux féminins.) Exécution en monochromie et en polychromie.

II. Imitation des fragments d'architecture dérivés des solides géométriques : moulures, denticules, perles, piédestaux.

Imitation des formes souples et libres : rinceaux, fleurons, feuillages, fruits, guirlandes.

Composition. — Théorie générale de la composition décorative. Application des principes à la disposition des motifs dans des espaces déterminés; division des surfaces, proportion, disposition, symétrie, etc. Composition d'encadrements d'architecture avec rinceaux ornementaux et éléments du règne végétal.

TROISIÈME ANNÉE.

A. I. *Notions élémentaires d'histoire de l'art.*

Étude comparée des grandes époques de l'architecture, de la sculpture et de la peinture. Les styles.

Croquis.

II. *Imitation* de plantes, d'oiseaux, d'insectes, d'animaux (études et croquis). Mouvements d'ensemble et détails des extrémités et des attaches. Exécution au crayon et à l'aquarelle.

Composition. — Disposition décorative des motifs étudiés appliqués à des travaux d'art féminins.

B. *Application du dessin et de la composition décorative à une industrie spéciale :*

Lingerie, broderie sur blanc et dentelles. Costume et fourrure. Mode et coiffure. Tapisserie et broderie d'appartement. Fleurs.

LINGERIE, BRODERIE SUR BLANC ET DENTELLES.

Théorie des différents travaux professionnels se rapportant à la lingerie. Notions générales sur l'esthétique comparée des styles. (Dessins de broderie et alphabets.)

Imitation d'après les différents genres de dentelles, guipures, broderies, etc. Chiffres, monogrammes et vignettes.

Études et transformations des éléments décoratifs en vue de leur utilisation aux ouvrages de lingerie.

Composition. — Application des principes de la composition décorative à la conception de forme et de décor, des objets en lingerie, broderie sur blanc et dentelles.

COSTUME ET FOURRURE.

Théorie des différents travaux professionnels se rapportant à la couture.

Notions générales sur l'esthétique comparée du costume.

Imitation d'après des dessins d'étoffes de robes à plat.

Croquis de draperies unies et ornées en monochromie et en polychromie.

Croquis d'après nature d'un mannequin habillé vu de face, de profil, de trois quarts et de dos, avec indication des détails typiques du costume.

Composition. — Application des principes de la composition décorative à la conception, de forme et de décor, des objets de costume et de fourrure.

MODE ET COIFFURE.

Théorie des différents travaux se rapportant à la mode et à la coiffure.

Notions générales d'esthétique comparée de la coiffure.

Imitations d'après des formes non garnies et garnies. Croquis de draperies, d'enroulements de rubans et de nœuds en monochromie et en polychromie.

Croquis d'oiseaux, de plumes, de fleurs, de dentelles, etc. Dessin et aquarelle.

Croquis d'après nature de chapeaux ou coiffures (toujours de face, de profil, de trois quarts, de dos et dans les principales positions typiques, avec indications des détails caractéristiques).

Composition. — Application des principes de composition à la disposition des chapeaux et coiffures; forme et ornement.

BRODERIE D'AMEUBLEMENT.

Théorie professionnelle de la broderie et de ses applications.

Notions générales sur l'esthétique comparée de la tapisserie et de la broderie.

Imitation polychrome de différents genres de broderie.

Croquis d'éléments naturels et décoratifs.

Composition. — Application des principes de la composition décorative à la composition en forme et en décor, des objets exécutables en broderie d'ameublement.

FLEURS NATURELLES ET ARTIFICIELLES.

Théorie professionnelle sur la fabrication des fleurs artificielles.

Copies analytiques de fleurs naturelles. Forme et coloration. Copies d'ensemble en polychromie.

Théorie spéciale de l'harmonie des couleurs.

Composition. — Application des principes de la composition décorative à la disposition des fleurs pour chemins de table et corbeilles, vases et paniers, couronnes, guirlandes, décorations d'ensemble, treillages et berceaux.

MORALE ET LÉGISLATION OUVRIÈRE.

HORAIRE.

1re année	1/2 heure.
2e année	1/2 —
3e année	1 —

INSTRUCTIONS PÉDAGOGIQUES.

L'enseignement de la morale se distingue par des caractères particuliers des autres enseignements donnés à l'école.

En cette matière, l'élève n'arrive pas tout à fait ignorante, comme elle le sera, par exemple, pour certaines parties des cours d'arithmétique ou d'histoire. Non seulement les leçons qu'elle a entendues à l'école primaire, mais encore les conseils, les admonestations reçues dans la famille, les faits dont elle a été témoin, les exemples qu'elle a eus sous les yeux lui ont fait acquérir sur le bien et le mal bien des idées, vagues, insuffisantes sans doute, mais dont une maîtresse habile peut cependant tirer parti. Pour cela, il conviendra de faire de chaque leçon une causerie familière dans laquelle la maîtresse, guidant l'élève, l'amènera à compléter, à préciser les notions, trop peu claires encore, trop peu nettes, qu'elle a déjà dans l'esprit. Cette forme de la «causerie» est expressément recommandée dans le programme qui suit. Les élèves devront prendre à l'exposé une part aussi active au moins que le professeur lui-même. Faire de la leçon une sorte de sermon sous la forme d'un monologue ininterrompu serait le plus sûr moyen de lui enlever tout intérêt et le plus clair de son utilité.

Mais il ne suffit pas de faire appel à l'*intelligence* de l'enfant, de lui apprendre ce qui est conforme à la loi morale, ni même de lui faire comprendre pourquoi telle action est bonne, telle autre mauvaise et condamnable; il ne suffit pas de lui faire *connaître le bien*, il faut encore le lui *faire aimer*, et pour cela il faut s'adresser à sa *sensibilité*. Aussi la maîtresse ne réussira-t-elle dans cette tâche délicate que si elle enseigne non seulement avec son intelligence, mais on peut dire avec son cœur. On ne fait pas une leçon de morale comme une leçon de calcul ou de géographie : ce n'est pas assez de connaître la question qu'on traite, de ne développer en un langage clair et correct que des idées exactes, il faut de plus exciter chez l'élève le désir ardent de bien faire, l'enthousiasme généreux. Celle-là seule y parviendra qui, pénétrée de l'importance de sa mission, intimement convaincue de ce qu'elle dit, saura, sans phrases apprêtées, sans grands mots ni grands gestes, mettre dans sa parole, dans son accent, la chaleur de l'émotion communicative.

Ce n'est pas tout encore : connaître le bien, l'aimer, c'est parfait; mais il faut davantage, il faut encore le *vouloir*. Nous devons nous efforcer d'inspirer à nos élèves l'*énergie* qui leur permettra de lutter avec succès contre les tentations, contre les passions mauvaises, contre les exemples pernicieux. C'est seulement si nous réussissons à les exciter ainsi à l'effort que notre enseignement moral aura vraiment porté tous ses fruits. Il faudra même arriver à ce résultat que, pour les actes de la vie ordinaire, pour ce qu'on pourrait appeler les pratiques quotidiennes de la morale courante, l'effort même cesse d'être nécessaire, grâce à la force des bonnes habitudes que nous devrons créer ou fortifier chez l'enfant.

Est-il besoin d'ajouter que le professeur doit confirmer l'autorité de sa parole par l'autorité de sa conduite et de sa vie? La maîtresse qui démentirait par son exemple l'enseignement moral qu'elle prétendrait donner aurait vite perdu toute influence et tout crédit.

Comme tout enseignement moral donné au nom de l'État dans nos écoles publiques, l'enseignement dont on trouvera ici tracé le programme est un enseignement essentiellement laïque et neutre. La morale telle qu'elle doit être enseignée dans les écoles de l'État sera fondée non sur la croyance, mais sur la raison.

Les leçons de morale seront, dans chaque école, faites de préférence par la directrice. Un résumé, qui souvent consistera en un proverbe ou une maxime, pourra condenser heureusement, sous une forme brève et saisissante, la notion de morale qui aura fait le sujet de l'entretien du jour. On recommande d'user parfois du procédé qui consiste à présenter ce résumé sous la forme d'une résolution, d'une sorte d'engagement que l'enfant prend vis-à-vis d'elle-même, engagement d'agir de telle façon, de s'abstenir de tel ou tel acte. Cette forme de résumé-résolution peut être surtout utile quand il s'agit de ces devoirs que l'enfant même a sans cesse à observer : obéissance aux parents, assiduité à l'école, application au travail, respect de la vérité, etc.

Il est bon que les résumés de morale ne soient pas inscrits sur les cahiers journaliers, au milieu de tous les autres exercices scolaires. On les réunira sur un cahier ou un carnet spécial.

Ces résumés, très courts, comme on l'a dit, devront être appris par cœur. La formule gravée dans l'esprit de l'élève, quelquefois pour l'existence entière, peut, dans certaines circonstances de la vie, réapparaître à sa pensée et rappeler à sa conscience hésitante la vérité morale, avec sa précision rigoureuse, avec sa force obligatoire.

Il sera bon de ménager du temps non seulement pour les revisions qui sont expressément prescrites, mais encore, s'il y a lieu, pour quelques leçons occasionnelles. Il n'est pas interdit au professeur d'interrompre parfois l'ordre régulier du cours, s'il croit pouvoir tirer parti soit d'un incident de la vie scolaire, soit de quelque événement local ou national qui semblerait de nature à retenir l'attention des élèves et pourrait servir de thème à d'intéressantes remarques ou à d'utiles conseils. Ces leçons occasionnelles seront, autant que possible, rattachées par voie de rappel au cours même, à des leçons antérieures : ce sont d'excellents exemples qui viendront les illustrer après coup.

Le cours de morale sera complété en troisième année par quelques leçons de législation ouvrière. Il est indispensable, en effet, que la jeune apprentie que forme l'École pratique connaisse les principales questions de législation qui intéressent l'ouvrier moderne. L'enseignement de ces notions devra être simple, précis et dégagé de toute controverse juridique.

PROGRAMME.

1° MORALE.

PREMIÈRE ANNÉE.

Notions préliminaires. — Des sentiments et des jugements que nous inspirent notre propre conduite et la conduite d'autrui. Distinguer, au moyen d'exemples, les actions que nous jugeons bonnes ou mauvaises. Définition de la morale. Objet et nécessité de l'enseignement moral.

Sommes-nous libres de bien ou de mal agir ? — Conditions et limites de notre liberté.

Responsabilité, conséquence de la liberté. Des divers degrés de la responsabilité morale.

Devoirs envers soi-même. — En quoi l'homme se distingue des animaux. Dignité de la personne humaine. Le respect de cette dignité est le fondement des devoirs envers nous-mêmes.

Conservation du corps. Propreté. Hygiène. Prescriptions à suivre pour assurer la propreté de notre corps. Propreté de nos vêtements, de notre logement, de nos meubles.

Observation de l'hygiène : principales règles à suivre.

Le travail manuel, les exercices physiques, les jeux. Mesure à garder. Précautions à prendre.

Sobriété. Tempérance. L'alcoolisme.

Respect de la vérité. De la sincérité dans nos paroles (franchise) et dans nos actes. Nous devons mettre nos actes en conformité avec nos idées et nos convictions.

Véracité et mensonge. L'exagération. Forme du mensonge.

La dissimulation et l'hypocrisie.

Devoir de rechercher la vérité, de s'instruire. Nécessité de l'instruction, sa valeur au point de vue de l'individu et au point de vue social. Continuons de nous instruire après l'école, Cours d'adultes, lectures, etc.

Les préjugés et les superstitions ; l'instruction permet de s'en affranchir.

L'orgueil. Il ne faut pas ni nous enorgueillir de nos qualités ou des avantages extérieurs que nous pouvons posséder, ni nous aveugler sur nos défauts.

La vanité, la frivolité, la coquetterie, la modestie : simplicité dans la toilette, réserve dans le maintien, retenue dans le langage, sobriété dans les gestes.

La délicatesse morale ; fuyons les plaisirs grossiers, recherchons les plaisirs supérieurs, les joies saines.

L'envie, la jalousie, la haine.

La colère et le désir de la vengeance.

L'activité, l'énergie, l'esprit d'initiative.

Le courage, ses diverses formes. Courage dans le malheur, résistance à l'injustice ; force d'âme, courage contre la douleur ; patience.

Persévérance et versatilité. L'irrésolution.

La fermeté. Mollesse et faiblesse morale. Le caractère.

Le travail. Obligation du travail. Noblesse du travail sous toutes ses formes.

L'ordre, la prévoyance et l'économie.

L'épargne. Comment employer nos économies. Diverses institutions d'épargne.

L'avarice. La parcimonie. La prodigalité. Dangers des dettes.

Devoirs envers les animaux. — La loi Grammont. Sociétés protectrices des animaux.

DEUXIÈME ANNÉE.

Devoirs de famille. — La famille, sa fonction sociale. La famille se crée par le mariage. L'union conjugale.

Devoirs réciproques des conjoints. Devoirs du mari envers sa femme, de la femme envers le mari.

La femme dans la famille : son rôle comme épouse, comme mère, ou comme fille. Rôle de la jeune fille dans le ménage.

Autorité paternelle nécessaire reconnue par la loi. Exercice de cette autorité aux diverses époques.

Amour et soin des parents pour leurs enfants. Devoirs des parents.

Devoirs des enfants à l'égard de leurs parents : amour filial, reconnaissance, secours et assistance.

Respect, confiance, obéissance : le devoir d'obéissance quand l'enfant grandit se transforme en un devoir de déférence affectueuse.

Devoirs envers les grands parents.

Devoirs réciproques des frères et sœurs. Devoirs des aînés envers les plus jeunes quand les parents manquent. Nécessité de la concorde, de l'union familiale.

Les vertus de la famille. L'esprit de famille. Excès possibles.

Le souvenir des morts. L'honneur du nom.

Devoirs du maître et du serviteur.

Devoirs de la jeune fille à l'École. — Assiduité. Exactitude. Docilité. Soumission à la règle. Attention. Application. Travail.

Devoirs à l'égard des maîtresses : affection, respect, obéissance, reconnaissance.

Devoirs réciproques des condisciples : concorde, camaraderie, aide mutuelle, émulation bien entendue, loyauté. — Éviter la jalousie, l'hypocrisie, la délation, l'esprit de domination.

Devoirs sociaux. La société. — L'homme est un être sociable. La solitude prolongée lui est intolérable. La société n'est possible que par le respect mutuel du droit d'autrui : la justice sociale.

Rôle de la femme dans la société. Son influence.

Respect de la vie humaine : le suicide, le meurtre, le droit de légitime défense. La cruauté à l'égard des autres, les mauvais traitements.

Respect de la liberté d'autrui. Comment on peut porter atteinte à la liberté des autres.

Respect des opinions et des croyances. La liberté de penser. Condamnation de l'intolérance et du fanatisme : exemples empruntés à l'histoire, à la vie de chaque jour.

Respect de l'honneur d'autrui. Calomnie, diffamation, médisance, commérages. Évitons de prêter complaisamment l'oreille aux mauvais propos.

Respect des produits du travail. Principe de la propriété.

Probité. Le vol. La fraude. Fraudes contre l'État. Fraudes commerciales.

Respect des contrats : fidélité à la parole donnée, aux engagements pris. Loyauté dans les affaires.

Égoïsme et altruisme. Bonté, indulgence, générosité, désintéressement, dévouement.
La fraternité sociale. Aide et assistance matérielle et morale dues aux déshérités, à ceux qui souffrent.
Mutualité. Les institutions mutualistes.
Reconnaissance, ingratitude.
Politesse dans nos paroles, dans nos actions. Formules de politesse.
Égards particuliers dus à la vieillesse.
Curiosité, discrétion. Comment nous pouvons nous montrer indiscrets.

Devoirs professionnels. — Devoirs réciproques et devoirs particuliers des patrons, des employées, ouvrières et apprenties.

TROISIÈME ANNÉE.

Qu'est-ce que le bien? L'entier développement des facultés de chaque individu, l'accroissement des forces dont l'homme dispose dans sa lutte contre la nature, l'établissement d'un état social assurant à tous plus de bien-être et plus de justice, tel est le but poursuivi par l'humanité. Sont bonnes toutes les actions qui tendent vers ce but, mauvaises celles qui nous en éloignent.

C'est notre raison, appliquée à l'appréciation de notre conduite, qui nous fait juger la moralité de nos actes. Diversité apparente de la morale, suivant les époques et les régions, et d'après les conditions locales.

Sanctions de la morale. — Sanction intérieure (satisfaction morale ou remords). Sanction naturelle (conséquences heureuses ou fâcheuses de nos actions). Sanction sociale (estime ou mépris public). Les sanctions ultra-terrestres, philosophiques et religieuses sont du domaine non de la science, mais de la foi.

L'idée du progrès. — Peu à peu s'épure et s'élève l'idée que nous nous faisons de la perfection individuelle et de l'état social parfait. Conséquences : évolution de la morale. Montrer cette évolution par des exemples : esclavage, amour de la guerre, dédain du corps, mépris du travail, haines de races, etc.

Progrès dans l'organisation des sociétés. Sociétés barbares et sociétés civilisées ; comparaison. Les rapports des hommes réglés non par la force, mais par le droit. La justice sociale.

De la solidarité. Définir ce mot. L'individu n'est qu'un membre du corps social. Action et réaction des individus les uns sur les autres : répercussion de nos actes dans le milieu social. Solidarité des générations.

La solidarité se manifeste dans l'ordre économique, scientifique et moral.

Profitant des efforts de ceux qui nous ont précédés, nous naissons débiteurs; profitant du travail collectif de nos contemporains, nous voyons notre dette s'accroître incessamment. Cette dette est d'autant plus lourde que nous jouissons d'avantages matériels plus considérables, que nous avons reçu une instruction plus étendue.

Comment devons-nous nous acquitter de notre dette envers la société?

Devoirs de la société envers l'individu; sécurité, justice, assistance.

L'idée de solidarité et l'idée de charité; différence de ces deux conceptions; supériorité de la première au point de vue moral.

L'association : sa puissance, ses heureux effets. Associations naturelles et associations contractuelles.

L'idée de nation et de patrie. — L'esprit national. La femme et la patrie.

Rôle historique de la France; sa place dans l'humanité civilisée.

Le génie français.

Le patriotisme. Comment nous pouvons tous contribuer à la force et à la grandeur de notre patrie.

L'État. — Définition. Les grandes fonctions de l'État.

Formes diverses de l'autorité de l'État. La souveraineté nationale.

Les lois.

Devoirs et droits du citoyen. — L'humanité, patrie de tous les hommes. Y a-t-il conflit entre l'humanité et la patrie? Le devoir patriotique, le devoir humain; conciliation.

Espérances d'avenir. Aspirations à un idéal de justice, de paix et de concorde générales.

2° LÉGISLATION OUVRIÈRE.

Contrat d'apprentissage : ses conditions, devoirs des patrons et des apprentis. Résolution du contrat.

Contrat de travail: placement des travailleurs, bureaux de placement. Marchandage. Obligations respectives du patron et de l'ouvrier.

Responsabilité des patrons en cas d'accidents; risque professionnel.

Législation relative aux salaires; privilège, insaisissabilité; retenues.

Conditions du travail dans les marchés de l'État, des départements, des communes et des établissements publics.

Travail des enfants et des femmes dans l'industrie : âge d'admission, durée de la journée de travail. Travail de nuit. Travaux souterrains.

Travail des hommes adultes; durée de la journée de travail; repos hebdomadaire.

Hygiène et sécurité des travailleurs; établissements industriels, mines, chemins de fer, etc.

Inspection du travail; délégués mineurs.

Bourses du travail. Coalition et grèves; conciliation et arbitrage.

Les syndicats professionnels; leur rôle. Devoirs des patrons et des ouvriers.

Conseils de prud'hommes; organisation; attributions.

Retraites ouvrières. Caisses patronales ou syndicats de retraites et de secours. Retraite des mineurs.

Caisses nationales d'assurance en cas de décès et en cas d'accidents.

Caisse nationale des retraites pour la vieillesse. Caisses de chômage.

Habitations à bon marché.

Propriété industrielle. Brevets d'invention, marques de fabrique et de commerce, nom commercial; dessins et modèles industriels.

Union internationale pour la protection de la propriété industrielle.

LANGUE FRANÇAISE.

HORAIRE.

1re année	3 heures.
2e année	3 —
3e année	2 —

PREMIÈRE ET DEUXIÈME ANNÉES.

Une classe sera consacrée aux exercices de grammaire et aux exercices orthographiques; une classe à la lecture expliquée et à la récitation; une classe à la composition française.

TROISIÈME ANNÉE.

Une classe sera consacrée à la lecture expliquée et à la récitation; l'autre à la composition française.

EXERCICES DE GRAMMAIRE ET EXERCICES ORTHOGRAPHIQUES.

Le professeur ne devra pas perdre de vue que les élèves qui entrent dans une école pratique ont déjà reçu l'instruction primaire élémentaire; qu'il n'a pas, en conséquence, à leur apprendre les rudiments de la grammaire, mais seulement à affermir et à compléter les connaissances qu'elles ont acquises.

I. En ce qui concerne la grammaire, il s'appliquera non seulement à faire apprendre, mais surtout à bien faire comprendre les règles. Autant il devra se garder d'arrêter l'attention des élèves sur les exceptions rarement employées et sur les subtilités grammaticales, autant il s'attachera aux règles d'un usage fréquent. Il sera bon d'insister sur les exercices de conjugaison et sur les exercices d'analyse grammaticale et d'analyse logique. Ces exercices seront faits en classe sur un texte mis entre les mains des élèves ou écrit au tableau noir. Ils devront être purement oraux.

II. Les exercices orthographiques pourront être faits sous la forme de dictées. Mais il importe de remarquer que la dictée prend beaucoup de temps et oblige les élèves à écrire sans profit un grand nombre de mots dont l'orthographe leur est depuis longtemps familière. Elle doit être considérée non comme un exercice de pratique courante, mais comme un exercice de récapitulation.

Le professeur choisira des textes qui puissent concourir au développement de l'instruction générale et de l'instruction professionnelle des élèves (morale, littérature, histoire, géographie, sciences, économie domestique, etc.). Ces textes, dans lesquels il ne faut pas chercher à multiplier les difficultés, correspondront au degré d'avancement des élèves dans l'étude de la grammaire; ils serviront à l'étude des signes de ponctuation et à leur emploi.

Il est utile, avant de dicter, de lire et d'expliquer brièvement le texte choisi, de rappeler ou de faire redire aux élèves les règles de grammaire qui vont y trouver leur application, d'appeler leur attention sur les mots nouveaux et difficiles, d'écrire ces mots et de les laisser un instant au tableau noir, en en faisant remarquer les particularités orthographiques.

Il convient que les enfants corrigent elles-mêmes les fautes qu'elles ont commises, que cette correction soit faite séance tenante ou que les élèves aient à représenter à la classe suivante leur dictée, après en avoir fait disparaître les fautes signalées. L'échange des cahiers, en usage dans certaines écoles, ne paraît pas un procédé recommandable.

A la dictée, les professeurs préféreront des exercices oraux ou écrits soit sur des mots usuels, peu connus des élèves et groupés tantôt d'après leurs ressemblances ou leurs différences orthographiques, tantôt d'après leur sens; soit sur des phrases détachées, choisies en vue de l'application des règles de grammaire, qu'on sera occupé à reviser ou que les élèves violent le plus souvent. On pourra ne faire écrire que les mots sur lesquels porte la difficulté orthographique.

Les élèves doivent être pourvues d'un dictionnaire. Il importe de les habituer à s'en servir, de leur montrer comment on en fait usage.

Il devra être tenu compte des simplifications et des tolérances indiquées à la suite de l'arrêté ministériel du 26 février 1901 et du tableau qui accompagne l'arrêté du 25 juillet 1910, relatif à une nouvelle nomenclature grammaticale.

Les exercices dits «orthographiques», n'ont pas seulement pour but de faire apprendre l'orthographe aux enfants; ils doivent aussi servir à leur enseigner le sens exact des mots. Aussi le professeur ne devra-t-il négliger aucune occasion d'exercer les élèves à l'étude du vocabulaire. Il donnera quelques notions sur les homonymes et les synonymes. Il indiquera l'origine et la formation des mots, leur groupement en familles d'après leur étymologie, la signification des mots techniques, particulièrement ceux de la langue industrielle ou commerciale. Il évitera à cet égard toute curiosité d'érudition.

LECTURE EXPLIQUÉE ET RÉCITATION.

Le professeur mettra entre les mains des élèves un recueil contenant les textes les plus connus de nos principaux auteurs des XVIIe, XVIIIe et XIXe siècles.

A propos des extraits d'écrivains contemporains, dont les lois sur la propriété littéraire rendent souvent difficile la reproduction dans les livres classiques, il complétera ce recueil par le choix de morceaux qu'il sera obligé de dicter ou de faire copier aux élèves.

Les textes littéraires serviront à des exercices de diverses sortes :

1° *A des lectures faites en classe.* — Le professeur donnera quelques indications sur l'auteur, mais très sobrement. On n'a pas à faire, dans les écoles pratiques, un cours d'histoire littéraire. Il faut se borner à rappeler dans la vie de l'écrivain les événements, les particularités qui ont pu influer sur son œuvre et qui seraient de nature à expliquer le passage qu'on étudie. Après avoir lu ce passage et l'avoir replacé, s'il y a lieu, dans le cadre de l'ouvrage auquel il a été emprunté, le professeur le fera expliquer aux élèves au point de vue des idées (idée fondamentale, idées secondaires, plan, transitions), puis au point de vue du style et des mots dont il est indispensable de bien déterminer le sens exact. Le morceau expliqué sera lu ensuite à haute voix par plusieurs élèves successivement; la maîtresse relèvera avec soin les fautes commises, rapidité excessive du débit, mauvaise articulation, prononciation vicieuse, diction chantante et monotone.

2° *A des exercices de récitation.* — Les passages les plus marquants des textes expliqués en classe seront appris par cœur et récités. Le choix des textes est laissé à l'initiative du professeur, qui tantôt se conformera à l'ordre chronologique, tantôt s'inspirera soit du degré des difficultés littéraires et grammaticales, soit des circonstances du moment : événements contemporains, incidents scolaires, rapprochement possible entre le passage étudié et le sujet de composition française à traiter ou telle leçon de morale, d'histoire, de géographie, etc.

Le professeur devra aussi profiter de ces exercices pour rappeler aux élèves de grands événements et faire connaître des écrivains célèbres antérieurs au XVIIe siècle.

Aux épreuves de récitation seront consacrées vingt minutes au moins dans chaque classe. Tous les trois mois devra avoir lieu une revision des morceaux appris pendant le trimestre écoulé.

COMPOSITION FRANÇAISE.

Le professeur exercera progressivement les élèves au travail complexe de la composition. A cet effet, il les habituera, surtout au cours de la première année, à préparer en classe, sous sa direction, le plan des sujets proposés, à chercher en commun les idées qui s'y rapportent, puis à les mettre en ordre. Une excellente méthode de recherche consiste à rédiger un canevas de quelques lignes qu'on dictera ou qu'on écrira au tableau noir, puis à demander aux enfants, après qu'elles l'auront lu, examiné attentivement, à reconnaître le mot ou les mots de valeur contenus dans ce texte, dégageant ainsi l'idée essentielle et les idées secondaires qu'il faudra développer.

Le plan, ainsi préparé à haute voix, sera écrit au tableau noir. Les élèves n'auront à faire comme devoir que le travail de développement et de rédaction. Plus tard, elles auront à disposer les idées trouvées en classe et à développer. C'est seulement quand elles auront acquis une certaine habileté qu'on leur demandera de se livrer au travail complet de la composition : invention, disposition et élocution.

Les sujets traités seront de préférence :

En première année, des lettres familières, des récits, des narrations simples, des descriptions. On ne doit proposer aux élèves que la description de choses ou de scènes qu'elles ont vues, observées, qui leur sont connues; on évitera les sujets de pure imagination. Il ne sera pas sans profit d'habituer ces enfants à décrire de vive voix des objets d'un usage courant ou une scène de la vie scolaire, en les obligeant à veiller à la précision et à la correction de leur langage.

En deuxième année, à des compositions écrites semblables à celles de l'année précédente pourront s'ajouter des sujets empruntés à la morale, à l'histoire ou à l'exercice de la profession.

En troisième année, on traitera surtout des lettres d'affaires, des demandes, des rapports, des comptes rendus d'excursions scientifiques, des rédactions, des narrations ou des récits se rapportant à la vie ouvrière ou à la vie des affaires. Le professeur appellera l'attention des élèves sur la forme matérielle à donner aux lettres, aux demandes et aux rapports.

Toutes les copies remises doivent être lues et notées. Un certain nombre, proportionné à l'effectif de la classe, sera l'objet d'une correction approfondie, suffisante, en tout cas, pour donner matière à des observations méthodiques faites en classe. On recommande d'éviter le système des corrections individuelles successives : il vaut mieux s'attacher à tel ou tel genre de fautes choisies et groupées suivant les constatations que la lecture des copies aura permis de faire. Enfin il ne faut pas perdre de vue que la correction la plus profitable est celle que l'élève fait elle-même sur les conseils et d'après les explications du professeur. Aussi est-il bon que, pour les fautes les plus courantes, la maîtresse se borne à les signaler sur la copie, en exigeant que cette copie lui soit représentée corrigée à la classe suivante.

HISTOIRE.

HORAIRE.

1re année	1 heure.
2e année	1 heure.
3e année	1 heure par quinzaine.

INSTRUCTIONS PÉDAGOGIQUES.

L'enseignement de l'histoire dans les écoles pratiques de jeunes filles ne sera pas le récit chronologique des événements. Il visera à donner une idée des grandes époques qui ont marqué leur trace profonde dans la civilisation et dans le domaine de l'art.

Le programme indique que les leçons porteront sur la période qui s'étend de 1610 à nos jours; mais le professeur ne manquera pas, lorsque les développements qu'il poursuivra lui en fourniront l'occasion, de rappeler aux élèves les faits importants, les personnages principaux, les caractères de l'art, les habitudes, les usages, les costumes des époques les plus lointaines. Au cours de ses explications, il aura souvent à revenir sur les civilisations disparues, qu'il s'agisse de la vie privée ou de la vie publique au moment de la Renaissance, au moyen âge ou même dans les temps antiques, ou bien qu'il s'agisse de l'art et des industries féminines à diverses époques.

L'énumération ci-dessous se borne aux questions générales. La maîtresse saura dégager, dans ces questions, les parties essentielles et y rattacher les aperçus qui tendent à donner aux leçons d'histoire toute leur valeur éducative. Elle n'oubliera pas que ses élèves ne seront point appelées à rendre compte à un examinateur de leur savoir sur les détails ou sur les dates. Il suffit, pour que le but soit atteint, que leur intelligence ait été éveillée par les enseignements du passé et qu'elles aient le sentiment de l'effort immense qu'a poursuivi à travers les siècles l'humanité laborieuse.

Il est recommandé de compléter l'exposé oral par quelque lecture, chaque fois qu'il sera possible.

Le programme s'étend sur deux années; cependant une leçon d'histoire d'une heure toutes les quinzaines est prévue à l'horaire de la troisième année. Cette leçon sera consacrée aux revisions que le professeur conduira en tenant compte des besoins et des lacunes que l'expérience aura révélés.

PROGRAMME.

PREMIÈRE ANNÉE.

DE 1610 À 1789.

État de la France en 1610.

Les États généraux.

Richelieu. Politique de Richelieu. Luttes intérieures. Luttes extérieures. Commerce et industrie. Colonies. Les lettres et les arts.

Louis XV. Les traités de Westphalie. La paix des Pyrénées.

Le parlement et la noblesse.

L'Europe vers 1660. La France prépondérante. Puissance de la Suède dans le Nord. Puissance maritime et coloniale de l'Angleterre. La Hollande.

Les lettres et les arts. L'influence espagnole. Descartes. Pascal. Corneille. L'hôtel de Rambouillet.

Gouvernement personnel du roi. La monarchie absolue. La cour. Versailles. La noblesse et le parlement soumis. Le clergé gallican. Protestants et Jansénistes. La révocation de l'édit de Nantes.

La bourgeoisie. La misère publique. Symptômes d'un esprit nouveau.

Administration. Colbert : l'agriculture, l'industrie (draps, tapis, soieries, dentelles), le commerce intérieur et extérieur, la marine et les colonies, les beaux-arts.

Louvois, Vauban.

La politique extérieure de Louis XIV. Les traités d'Utrecht, de Rastadt et de Bade.

L'Europe vers 1715.

Le siècle de Louis XIV. Louis XIV protecteur des lettres. Les grands poètes. Les grands prosateurs. Influence littéraire de la France. Les arts : la peinture, la sculpture, l'architecture.

Louis XV. — La Régence. La révolution financière de Law. La cour et les salons. Les arts.

Nos revers. Notre décadence maritime et coloniale.

Extension de la puissance anglaise. Traité de Paris, 1763.

Prépondérance de la France en Allemagne.

Désordres à l'intérieur. Querelles religieuses. Tentatives de réformes. Choiseul.

L'esprit d'examen. L'opinion publique. Désaccord entre les idées et les institutions. Le mouvement intellectuel : Voltaire, Montesquieu, Rousseau, les encyclopédistes.

Louis XVI. — Turgot. Malesherbes. Necker : résistance des privilégiés. Faiblesse du roi. État des esprits.

L'ancien régime. — Le gouvernement du droit divin. Discrédit et impopularité.

Division de la nation en trois ordres : noblesse de cour, noblesse de province. Haut et bas clergé. Rapports de l'État et de l'Église catholique. Le tiers état : bourgeois, ouvriers, paysans.

Vices de l'organisation sociale. L'inégalité : inégalité sociale. La liberté mal garantie. La liberté de conscience refusée. La liberté de commerce et d'industrie entravée. Insuffisance des écoles. Insuffisance de l'assistance publique. Misère générale.

Formation du territoire français. Nos anciennes provinces.

État de l'Europe en 1789. Les États-Unis d'Amérique.

DEUXIÈME ANNÉE.

La Révolution. — Agitation des esprits. Convocation des États généraux. Demandes des cahiers.

Les grandes journées de l'Assemblée constituante. La constitution de 1791.

L'Assemblée législative. L'émigration. La guerre avec l'Europe. Chute de la royauté,

La Convention. Proclamation de la République. Les partis dans l'Assemblée. La patrie en danger. Le Comité de salut public. La Terreur. Le 9 Thermidor.

Institutions de la Convention. Les sciences. Les grandes inventions.

Le Directoire. — Embarras financiers. Anarchie politique. Les coups d'État. Le 18 Brumaire.

Lutte entre la Révolution et l'Europe. Les armées révolutionnaires. Aperçu des principales guerres et des principaux faits d'armes de 1792 à 1802. Les généraux de la Révolution.

Le Consulat. — Organisation administrative, financière et judiciaire. Le Code civil. Le Concordat et les articles organiques. La Légion d'honneur. La Banque de France.

L'Empire. — Le régime impérial. Despotisme et centralisation. Les grands travaux. L'Université. La littérature et les mœurs. Excès du régime militaire.

Puissance extérieure de la France. Coalitions européennes. Austerlitz. Traité de Presbourg. Fin de l'Empire germanique. Iéna et Friedland : abaissement de la Prusse.

Résistance de l'Angleterre. Le blocus continental : ses conséquences politiques, industrielles et commerciales.

Traité de Vienne. Commencement des résistances nationales. Guerre d'Espagne. Remaniement arbitraire de la carte politique de l'Europe.

Campagne de Russie. Campagnes d'Allemagne et de France. Le pays envahi. Chute de l'Empire.

Première restauration. Charte de 1814. Les Cent jours et l'Acte additionnel. Waterloo.

Le Congrès de Vienne et les traités de 1815. Leurs conséquences pour la France. État de l'Europe.

La vie, les costumes, l'art sous la Révolution, le Directoire et l'Empire.

Les lettres et les sciences.

La Monarchie constitutionnelle. — La seconde Restauration. Réveil de l'esprit politique. Le régime parlementaire. Les partis. Principaux orateurs, principaux hommes d'État. La Terreur blanche.

Politique de réaction : essai de rétablissement de l'ancien Régime. Influence du clergé. La congrégation.

Travaux publics. Les caisses d'épargne.

Politique extérieure : intervention en Espagne et en Grèce. Prise d'Alger.

Les ordonnances et la Révolution de 1830.

Gouvernement de Louis-Philippe. La nouvelle charte. Les Chambres : les partis. Principaux orateurs et hommes d'État. Gouvernement de la bourgeoisie. Le système électoral. Le cens.

Les sociétés secrètes et les émeutes. Lois de septembre. L'armée et la garde nationale. Lois sur l'instruction primaire et sur les travaux publics. Développement de l'industrie. Chemins de fer. Progrès du commerce.

Les lettres : classiques et romantiques. L'archéologie et l'histoire. Les arts : principaux artistes. Progrès des sciences : l'électricité, la vapeur.

Les classes ouvrières et les théories socialistes. Nouvelles aspirations politiques. Le mouvement réformiste.

La Révolution de 1848.

Coup d'œil sur la politique extérieure de la France de 1830 à 1848. Conquête de l'Algérie.

La seconde République. — Le suffrage universel. Abolition de l'esclavage aux colonies. Le socialisme. Les ateliers nationaux. Les journées de juin. L'Assemblée constituante et la constitution républicaine.

Élection de Louis-Napoléon Bonaparte. La réaction. Lois sur l'enseignement et le suffrage. La dictature présidentielle. Le coup d'État du 2 décembre 1851.

Le second Empire. — La constitution de 1852. Le régime césarien. Confiscation des libertés publiques : régime des décrets. L'Empire libéral de 1870. Le plébiscite.

Transformation économique. Progrès de l'agriculture. Loi sur les chemins vicinaux. La grande industrie. Lois sur les sociétés, sur les grèves. Le commerce. Les traités de commerce et le libre échange. Les expositions universelles. Le canal de Suez : changement des routes commerciales. Compagnies maritimes subventionnées. Réseau télégraphique. Les câbles sous-marins.

Politique extérieure. Formation de l'unité italienne. La France en Cochinchine.

La guerre franco-allemande. Révolution du 4 septembre. Siège de Paris. La guerre dans les départements : Gambetta. Proclamation de l'Empire allemand. Le traité de Francfort.

La troisième République. — Lois sur l'instruction publique. Réorganisation de l'armée; lois sur le recrutement. Grands travaux publics. Progrès de l'agriculture. Lois sociales et économiques : lois de protection, d'assistance, d'assurance.

Le mouvement intellectuel et les progrès scientifiques.

Expansion de la France en Asie. Agrandissement de notre domaine colonial en Afrique.

Tableau politique et économique du monde contemporain.
Revision.

TROISIÈME ANNÉE.

1° *Révision* des questions les plus importantes du cours de première et de deuxième année;

2° Quelques aperçus sur l'histoire locale.

GÉOGRAPHIE.

HORAIRE.

1re année	1 heure.
2e année	1 heure.
3e année	1 heure par quinzaine.

INSTRUCTIONS PÉDAGOGIQUES.

En raison du peu de temps dont il dispose pour cet enseignement, le professeur devra se borner à donner aux élèves les notions élémentaires.

On gagnera du temps au début en décrivant les principaux phénomènes terrestres considérés en eux-mêmes, abstraction faite du lieu où ils se produisent. L'important, dans cette sorte d'introduction à l'étude de la géographie, est de savoir garder la mesure : il ne faut ni trop s'étendre, ni se borner à rappeler inutilement les connaissances acquises à l'école primaire.

Les leçons devront être sobres. En s'aidant d'un précis, où les élèves trouveront tout ce qui n'est que nomenclature, tout ce qui n'exige d'elles qu'un effort de mémoire, le professeur consacrera son exposé à certaines questions qu'il aura spécialement choisies, soit en raison de leur actualité, soit parce qu'elles prêtent à un développement curieux et pittoresque, soit enfin à cause de leur importance particulière. Plus que la géographie physique ou la géographie politique, les questions de géographie économique devront retenir son attention. Souvent des lectures intéressantes pourront s'ajouter à l'exposé de la maîtresse et le compléter heureusement.

Il est recommandé au professeur :

1° D'avoir recours, dans les interrogations et les exposés, à des cartes murales de grandes dimensions, ou à des cartes qu'il aura lui-même exécutées soit au tableau noir, soit sur de la toile ou du papier goudronné;

Pour les interrogations, les cartes mises sous les yeux de l'élève devront être des cartes muettes;

2° D'exiger que les élèves s'exercent à reproduire, et sans jamais calquer, la carte des régions qu'elles étudient.

PROGRAMME.

PREMIÈRE ANNÉE.

Notions de géographie générale.

Le globe terrestre. Les deux mouvements de la terre. Pôles, équateur. Méridiens et parallèles. Longitude et latitude. Le jour et la nuit. Les saisons.

Notions élémentaires de géologie : les terrains.

Le relief du sol : montagnes, volcans, plaines.

Continents et mers. Leur répartition sur le globe.

Atmosphère : vents et pluies. Les climats.

Les eaux : eaux courantes, lacs et marais. Action des eaux.

Les côtes. Diverses espèces de côtes. Variations des rivages.

Îles.

Étude générale d'une région polaire, d'une région tropicale, d'une région tempérée.

L'Océanie.

L'Asie.

L'Afrique.

Nota. Pour les derniers paragraphes, on suivra à propos de chacun des pays étudiés, l'ordre ci-après indiqué :

1° Situation, limites et superficie du pays ou de la région considérée. Nature et relief du sol. Climat : vents et pluies. Hydrographie : côtes et îles. Ressources naturelles;

2° Population : races. Religions et langues. Principales villes;

3° Agriculture. Forêts et produits naturels. Principales cultures;

4° Industrie. Conditions générales. Mines. Principales industries;

5° Commerce. Moyens de communication. Principaux ports. Relations commerciales avec la France.

DEUXIÈME ANNÉE.

L'Europe.

Géographie physique. Grandes plaines à l'Est et au Nord. Massifs montagneux et plateaux du Centre. Les péninsules du Sud. Les Îles Britanniques. Routes naturelles entre les différents versants.

Climats. Les eaux : océans et mers, détroits, fleuves et lacs. Description du littoral et des îles.

Étude des pays d'Europe.

La France; ses colonies et les pays de protectorat. — On donnera sur la France toutes les notions indiquées pour les autres pays européens. On aura, après l'étude de la géographie physique, à s'occuper successivement des questions suivantes :

Les départements, leurs chefs-lieux et les villes principales. Les frontières terrestres et maritimes. Le gouvernement; les divisions administratives. La population suivant les régions; les religions, les langues. Les régions agricoles. L'industrie, les principaux centres de fabrication. Les routes, chemins de fer et canaux.

Pour l'étude particulière de nos colonies et des pays placés sous notre protectorat, on attirera spécialement l'attention des élèves sur les ressources industrielles qu'offrent ces divers pays, sur l'immigration, sur les conditions d'installation et les chances d'avenir offertes aux immigrants.

TROISIÈME ANNÉE.

Une partie de la troisième année sera consacrée aux revisions. Le reste de l'année sera employé à l'étude de quelques grandes questions économiques d'après l'esprit indiqué à la fin du programme de géographie de la section commerciale.

ARITHMÉTIQUE ET CALCUL ALGÉBRIQUE.

HORAIRE.

1re année	2 heures.
2e année	2 —
3e année	2 —

INSTRUCTIONS PÉDAGOGIQUES.

Le professeur fera le moins possible de théorie, il s'en abstiendra complètement quand le programme le lui demande. Son but doit être d'apprendre à ses élèves à calculer vite et bien et de leur faire comprendre la signification des opérations qu'elles effectuent. Les raisonnements, lorsqu'ils paraîtront nécessaires, seront toujours appuyés sur des exemples concrets. Toutefois, pour familiariser les élèves avec les notations algébriques, l'emploi de ces notations devra, quand il y aura possibilité, être utilisé concurremment avec les démonstrations purement arithmétiques.

Les élèves seront, à chaque leçon, exercées à la pratique du calcul rapide, écrit ou mental.

On évitera les problèmes et exercices à solution compliquée. Dès le début du cours, on habituera les élèves à l'emploi de la méthode algébrique qui permet de simplifier les solutions.

PROGRAMME.

PREMIÈRE ANNÉE.

Introduction. — Notion du nombre entier et du nombre fractionnaire.

Opérations sur les nombres entiers.

Numération décimale. Quelques mots du système à base 12. Addition, soustraction, multiplication des nombres entiers. Justifier par des raisonnements et des exemples concrets les règles pratiques pour effectuer ces opérations. Ajouter ou retrancher d'un nombre une somme ou une différence. Multiplier une somme ou une différence par un nombre. Produit de facteurs. Carré et cube d'un nombre ou d'un produit de facteurs. Carré et cube d'une puissance d'un nombre.

Division des nombres entiers (règle pratique sans théorie). Quotient exact. Quotient à une unité près; reste. Diviser une somme ou une différence par un nombre. Diviser une puissance d'un nombre par une autre puissance du même nombre. Diviser un produit de facteurs par un autre produit des mêmes facteurs.

Nombreux exercices de calcul mental et rapide sur les opérations fondamentales.

Problèmes de récapitulation avec l'emploi de lettres pour représenter les inconnues, lorsqu'ils conduisent à des équations numériques très simples du 1er degré.

Opérations sur les nombres décimaux.

Formation et écriture des nombres décimaux. Addition, soustraction, multiplication, division. Justifier par des raisonnements simples les règles pratiques appliquées. Règles pratiques pour obtenir le quotient de deux nombres entiers ou décimaux à moins d'une unité décimale d'un ordre donné.

Règle du tant pour cent exprimé par un nombre entier ou fractionnaire. Nombreux exercices.

Propriétés des nombres entiers. — Divisibilité. Définition. Caractères de divisibilité par 2 et 5, 4 et 25, 8 et 125, par 5 et 9, par 11 (sans théorie). Preuve par 9 de la multiplication et de la division (règle pratique). Cas où la règle ne peut indiquer l'erreur.

Nombres premiers. Définition. Décomposition d'un nombre en facteurs premiers. Formation du plus grand commun diviseur et du plus petit commun multiple de nombres décomposés en facteurs premiers (sans théorie).

Mesure des grandeurs. — Système métrique. Longueurs, surfaces, volumes, densités, monnaies.

Énoncés des règles pour évaluer les aires et les volumes simples.

Exercices de changements d'unité.

Nombres complexes. Mesure du temps et de la circonférence.

Exercices pratiques : 1° sur les quelques anciennes mesures encore en usage dans la région; 2° sur les principales mesures étrangères.

Quelques mots des systèmes des différents pays.

Exercices d'application. Problèmes.

Racine carrée. — Pratique de l'extraction de la racine carrée d'un nombre entier ou décimal à moins d'une unité d'un ordre décimal donné.

DEUXIÈME ANNÉE.

Nombres fractionnaires. — Fractions ordinaires. Définition. Simplification. Réduction au même dénominateur. Opérations. Fractions décimales.

Transformer une fraction ordinaire en fraction décimale ou réciproquement. Conditions pour que la transformation se fasse exactement (sans théorie).

Calcul rapide écrit ou mental.

Grandeurs proportionnelles. — Rapport de deux grandeurs ou de deux nombres. Proportions. Calculer un des termes.

Grandeurs directement et inversement proportionnelles. Règle de trois simple ou composée, directe ou inverse.

Applications. — Intérêt simple. Règle d'intérêt. Formule générale. Intérêt composé. Résolution des problèmes fondamentaux sur l'intérêt.

Escompte commercial. Méthodes commerciales du calcul de l'intérêt et de l'escompte. Bordereau d'escompte. Calcul d'intérêt dans les caisses d'épargne. Notions élémentaires sur les rentes d'État, les actions et les obligations. Bordereau d'achat ou de vente au comptant.

Partages proportionnels. Règles de société.

Problèmes simples de mélange et d'alliage.

Exercices nombreux.

TROISIÈME ANNÉE.

Calcul algébrique. — Emploi des nombres positifs et négatifs pour représenter les grandeurs susceptibles d'être mesurées dans deux sens opposés. Opérations sur les nombres algébriques. Expressions algébriques : terme, monôme, polynôme. Termes semblables. Réduction de termes semblables. Calcul de la valeur numérique d'une expression algébrique simple.

Rappeler quelques principes d'arithmétique qui permettront d'effectuer l'addition et la soustraction des polynômes, la multiplication et la division des monômes sur des exemples très simples.

Pratique de la résolution des équations numériques du 1er degré à 1, 2, ou 3 inconnues.

Résolutions de quelques problèmes faciles.

Progressions arithmétiques et géométriques. — Définition. Calcul d'un terme de rang donné. Somme des termes d'une progression limitée (sans théorie).

Revision des principales matières étudiées en première et en deuxième année.

NOTIONS DE GÉOMÉTRIE.

HORAIRE.

1re année	1 heure.
2e année	1 —

INSTRUCTIONS PÉDAGOGIQUES.

Le dessin d'ornement comprend presque toujours des éléments géométriques qui en forment en quelque sorte la base. D'autre part, pour la broderie, la coupe et autres travaux professionnels dont on s'occupe dans les écoles de jeunes filles, on a fréquemment à élever ou à abaisser des perpendiculaires, à mener des parallèles, à tracer des figures géométriques diverses, des raccordements, à effectuer des développements, à évaluer des surfaces et même à représenter des corps en leur vraie grandeur. Si pour ces tracés ou ces constructions on se bornait à donner des règles ou des formules, les élèves qui les comprendraient mal les oublieraient vite ou ne les appliqueraient qu'imparfaitement et sans intelligence. Il convient donc de les baser sur des principes géométriques qui les éclaireront et les fixeront mieux dans l'esprit des élèves. Même dans les cas, assez fréquents d'ailleurs, où les tracés se font à main levée, la connaissance de la construction exacte est encore nécessaire; elle est un guide pour l'élève, elle l'habitue à voir plus juste et à se mieux rendre compte des proportions. Elle lui évite des hésitations et des tâtonnements.

Mais ce cours de géométrie ne peut être que très élémentaire. Il ne doit guère comporter que des définitions et des tracés de constructions, avec cependant quelques démonstrations simples et faciles, pour donner une idée de l'exactitude des procédés pratiques enseignés. Il sera autant, sinon plus, un cours de dessin géométrique qu'un cours de géométrie proprement dit.

Dans les applications, le professeur aura toujours soin de prendre ses exemples dans les travaux féminins, afin de montrer aux élèves l'importance des principes scientifiques qu'elles étudient, et leur faire sentir l'utilité de leurs efforts.

PROGRAMME.

PREMIÈRE ANNÉE.

Lignes. — Ligne droite, ligne brisée, ligne courbe. Demi-droite et segment de droite. Construire un segment de droite égal à la somme de plusieurs autres, à la différence de deux autres. Mesure d'un segment de droite.

Circonférence et arc de cercle. Corde.

Somme de deux ou de plusieurs arcs de cercle. Mesure d'un arc avec le rapporteur. Degré, grade.

Angles. — Rotation d'une demi-droite autour de son origine. Angle aigu, angle obtus, angle droit. Égalité de deux angles. Somme de plusieurs angles; différence de deux angles. Diviser un angle en deux, quatre parties égales. Bissectrice d'un angle. Angles complémentaires, supplementaires. Mesure d'un angle avec le rapporteur. Fausse équerre. Somme des angles formés par plusieurs droites qui se coupent en un même point.

Perpendiculaires. — Élever ou abaisser des perpendiculaires au moyen de la règle et de l'équerre ou de la règle ou du compas. Exercices et applications. Perpendiculaires et obliques.

Figures symétriques par rapport à une droite. En tracer quelques-unes. Applications.

Lignes parallèles. — Mener des parallèles à une droite, au moyen de la règle et de l'équerre ou de la règle et du compas.

Triangles. — Triangles quelconques. Triangle rectangle. Dire, sans le démontrer, que la somme des angles d'un triangle est égale à deux droits. Cas d'égalité des triangles. Les démontrer pratiquement en transportant l'un des triangles sur l'autre. Construire un triangle dont on connaît les trois côtés, deux côtés et l'angle compris, ou un côté et les deux angles adjacents.

Principales propriétés des triangles isocèles.

Parallélogrammes. — Propriétés. Losange. Rectangle, carré et trapèze. Construction de ces figures. Applications. Polygone quelconque.

Idée du rapport de deux lignes. — Dire ce que l'on entend par deux figures semblables. Moyens employés pour amplifier ou réduire une figure. Exemples et applications.

Raccordement. — Tangente à un cercle. — Raccordement d'un arc de cercle et d'une droite, de deux droites par un arc, de deux arcs. Applications. Tracé de quelques moulures, de l'ellipse des jardiniers, de l'anse de panier, de l'ovale, des spirales.

Circonférence. — Formule donnant la longueur de la circonférence. Division de la circonférence en 4, 8, 16, 6, 3, 12 parties égales. Applications aux rosaces.

Polygones réguliers. Carré, octogone, hexagone, triangle équilatéral, dodécagone. Construction de polygones réguliers. Polygones étoilés. Applications diverses.

Calcul des aires. Aire du rectangle, des parallélogrammes, du triangle, d'un polygone régulier. Montrer sur un exemple comment on peut obtenir l'aire d'un polygone quelconque. Formule de l'aire du cercle. Exercices sur le calcul des aires.

DEUXIÈME ANNÉE.

Solides géométriques. Du plan. Angle de deux plans qui se coupent. Prisme et parallélipipède. Surface latérale. Développement. Volume de ces solides.

Pyramide. Surface latérale. Développement. Formule du volume de la pyramide.

Tronc de pyramide. Surface latérale. Son développement.

Cylindre. Surface cylindrique. Volume du cylindre.

Cône. Surface latérale. Son développement. Formule du volume du cône.

Tronc de cône. Surface latérale, son développement.

Sphère. Développement approché de la surface de la sphère par fuseaux. Formules de la surface et du volume de la sphère.

Exercices de calcul sur ces solides.

Représentation géométrale. — Plan, élévation et coupe. Prendre comme exemples quelques objets usuels de forme très simple.

COMPTABILITÉ.

HORAIRE :

3e année.................................. 1 heure.

INSTRUCTIONS PÉDAGOGIQUES.

Ce programme est établi en vue de donner aux élèves les éléments pratiques de la comptabilité plus spécialement applicables à l'industrie. Les opérations qui se font dans les établissements industriels se divisent en deux catégories distinctes :

1° Les actes de commerce ordinaires, c'est-à-dire les achats, ventes, négociations, sur lesquels le professeur ne donnera que des notions générales et très succinctes. Il produira divers modèles de documents tels que bons de commandes, factures de livraison, relevés de factures, effets de commerce, reçus, etc.

2° Les opérations industrielles, c'est-à-dire la tranformation des matières et produits bruts en produits ouvrés.

Le professeur devra s'attacher à montrer l'importance des éléments du prix de revient; les matières premières, les frais généraux, la main-d'œuvre. Il produira des types de documents tels que carnets d'atelier, feuilles de paye d'ouvriers, bulletin à souche pour travaux donnés aux pièces, etc., et il devra faire confectionner les principaux de ces documents; il exigera que l'élève apporte un grand soin à l'écriture et à la disposition du travail.

Le professeur ne perdra pas de vue que le temps réduit dont il dispose l'oblige à ne pas s'attarder afin de pouvoir traiter toutes les parties du programme.

PROGRAMME.

Notions très générales sur les actes de commerce. — Achats, ventes. Transports. Payement au comptant au moyen de la monnaie, de chèque et de virement. Règlement à terme au moyen du billet à ordre, de la traite et du mandat.

Étude rapide de quelques documents. — Factures, mémoires, reçus, lettres de voitures, récépissés, effets de commerce, correspondance.

Main-d'œuvre. — A la journée, aux pièces, individuellement ou entre plusieurs ouvriers. Division de la main-d'œuvre. Bulletins à souches pour travaux donnés aux pièces. Contrôle du temps employé. Feuilles de paye des ouvriers.

Frais généraux. — Études des dépenses considérées comme frais généraux : loyers, impôts, chauffage, appointements des employés, dépenses personnelles, frais de voyage, réparations et amortissement en fin d'exercice du matériel et de l'outillage, etc. Classification des frais généraux.

Étude spéciale du prix de revient. — Importance de son établissement raisonné et judicieux.

Idée du compte. — Doit, avoir. Entrée, sortie. Débiter et créditer un compte. Balance ou solde. Application à la tenue du grand livre de caisse, du livre de magasin des matières premières et du livre de magasin des objets fabriqués.

Idée de la classification générale des comptes nécessaires à la comptabilité d'une exploitation industrielle.

Dualité des comptes entre eux. Écritures digraphiques. Traduire en articles de journal quelques opérations industrielles typiques, faire les reports au grand livre. Après avoir dressé la balance des écritures, passer au journal les écritures d'inventaire et faire ensuite une étude succincte du bilan.

Comptabilité privée. — Comptabilité d'un ménage.

SCIENCES PHYSIQUES ET NATURELLES
APPLIQUÉES À L'INDUSTRIE, À L'HYGIÈNE ET À L'ÉCONOMIE DOMESTIQUE.

HORAIRE :

1re année	2 heures.
2e année	2 —
3e année	2 —

NOTIONS ÉLÉMENTAIRES DE SCIENCES PHYSIQUES ET NATURELLES.

INSTRUCTIONS PÉDAGOGIQUES.

L'enseignement des sciences physiques et naturelles sera considéré comme une introduction à l'étude des produits industriels, de l'hygiène, de l'économie domestique; c'est-à-dire qu'il devra être à la fois élémentaire et orienté en vue des applications.

On se bornera donc à l'exposé des faits fondamentaux ayant un caractère pratique immédiat. Lorsque l'établissement d'un point de théorie sera nécessaire pour la compréhension d'un phénomène susceptible d'applications, c'est, autant que possible, sur des faits choisis dans le domaine de la pratique la plus courante que le professeur devra s'appuyer. Il laissera de côté les modèles d'appareils qui n'ont qu'un intérêt historique et se bornera à la description de ceux dont il est fait l'usage le plus fréquent dans la vie commerciale, industrielle ou domestique.

Les leçons devront être fréquemment illustrées à l'aide d'expériences simples en relation avec les questions industrielles. Le matériel choisi devra se rapprocher le plus possible des modèles employés dans la pratique, afin que les élèves acquièrent une conception réelle des choses.

Les leçons d'histoire naturelle seront faites à l'aide d'une collection de tableaux.

PROGRAMME.

PREMIÈRE ANNÉE.

PHYSIQUE.

Introduction à l'étude des phénomènes physiques. — Quelques leçons préparatoires seront consacrées à la définition des phénomènes physiques et à leur portée pratique. Des exemples seront choisis parmi les faits de la vie domestique et précisés à l'aide d'expériences simples, susceptibles de développer, dans un sens positif, l'esprit d'observation chez l'enfant.

Le professeur définira, au cours de ces leçons, les divers états de la nature.

Pesanteur. — Usage du fil à plomb. Centre de gravité. Poids d'un corps : pesées, usages de la balance et de la bascule.

Constatations expérimentales relatives aux liquides en repos. Horizontalité de la surface libre. Niveau dans les vases communicants : niveau d'eau; distribution de l'eau, puits artésiens.

Eau sous pression : exemples de ses emplois.

Principe d'Archimède établi expérimentalement. Corps flottants. Densités, densimètres et alcoomètres.

La pression atmosphérique. Raréfaction de l'air. Baromètres et manomètres. Pompes. Siphon.

Chaleur. — Dilatation des corps. Température. Thermomètre.

Fusion et solidification. Dilatation de l'eau lors de sa congélation ; effets sur les plantes. Dissolution. Mélanges réfrigérants.

Vaporisation. Évaporation, vapeur d'eau contenue dans l'air, nuages, pluie, rosée. Froid produit par l'évaporation : applications.

Ébullition. Distillation. Chauffage de l'eau en vase clos. La vapeur et ses applications.

Transmission de la chaleur par rayonnement et conductibilité.

Son. Lumière. Électricité. — Quelques notions élémentaires pour permettre aux élèves de comprendre les applications de l'électricité à la vie domestique : piles, sonneries, téléphone, éclairage, etc.

CHIMIE (1re PARTIE).

Leçons préparatoires. — Après avoir défini la matière et ses divers états, familiarisé l'élève avec les caractères généraux des corps et leurs applications, on lui montrera la différence entre un mélange et une combinaison, et on arrivera à la notion de corps simples et de corps composés, en se basant constamment sur des expériences faciles exécutées au cours des leçons.

On habituera l'enfant à l'observation et à l'étude des phénomènes chimiques les plus élémentaires, en passant en revue, au point de vue purement descriptif et expérimental, les propriétés essentielles d'un certain nombre de corps usuels, tels que l'air atmosphérique, l'eau, le soufre, le charbon, le sel de cuisine.

Lorsque l'élève sera suffisamment familiarisée avec les phénomènes de combinaison et de décomposition chimiques, on montrera que la combinaison est régie par des lois.

On pourra alors, d'une façon élémentaire, et en ne s'appuyant jamais que sur des faits déjà exposés, aborder l'étude des questions suivantes :

Symboles, formules, principes les plus simples de la notation atomique.

Acides, bases, sels.

Hydrogène.

Chlore. Acide chlorhydrique (esprit de sel), chlorures décolorants (eau de Javel, chlorure de chaux). Le chlore, agent désinfectant.

Oxygène. Combustion, respiration.

Eau (revision).

Soufre (revision). Hydrogène sulfuré, anhydride sulfureux, acide sulfurique.

Azote. Air atmosphérique (revision). Ammoniaque. Acide azotique. Rôle de l'azote sous ses différentes formes dans la végétation.

Phosphore. Acide phosphorique et son rôle en agriculture.

Carbone. Oxyde de carbone, son rôle industriel, ses dangers. Anhydride carbonique, son assimilation par la plante et sa production pendant la respiration.

Acide borique, borax.

Silice, sable, quartz, verre.

Propriété des métaux et des alliages les plus employés dans l'économie domestique.

Étude sommaire des sels les plus usités.

HISTOIRE NATURELLE.

Les êtres vivants.

Description sommaire du corps humain et étude succincte des fonctions des principaux organes.

Notions sur la classification des animaux.

Descriptions sommaires des principales espèces dont les produits sont utilisés par l'homme.

Les principaux organes végétaux et leurs fonctions.

L'évolution de la plante.

Les principaux végétaux alimentaires, médicaux et industriels.

DEUXIÈME ANNÉE.

CHIMIE (2e PARTIE).

Composition des matières organiques.

L'acétylène et ses applications.

L'alcool méthylique (esprit de bois), l'alcool éthylique (esprit de vin), la glycérine, l'éther, le formol et ses propriétés désinfectantes.

L'amidon et le sucre.

L'acide acétique (vinaigre) et l'acide oxalique. Les corps gras, les savons, les bougies.

Le goudron de houille, la benzine.

Le phénol et l'aniline au point de vue de leurs applications usuelles.

Les composés azotés naturels au point de vue de leurs propriétés nutritives et médicinales.

Étude élémentaire des phénomènes de fermentation.

PRODUITS INDUSTRIELS.

INSTRUCTIONS PÉDAGOGIQUES.

Cette partie du programme comportera l'étude des procédés de fabrication, notamment en ce qui concerne les méthodes de travail et l'utilisation de la main-d'œuvre.

On s'appuiera sur les seules connaissances acquises, en ayant soin de les rappeler d'un mot à l'occasion de façon à donner à l'exposé toute la clarté désirable. On évitera les développements abstraits, pour s'attacher aux questions d'ordre immédiatement utilitaire.

Pour donner de la vie et de la réalité à cet enseignement, on multipliera les expériences, et on montrera aux élèves aux différentes phases de leur fabrication ou de leur travail les produits et les objets qu'on aura à étudier. On insistera sur les raisons pratiques qui guident toutes les opérations.

Il a été laissé au programme assez d'élasticité pour qu'il soit possible d'en moderniser constamment l'interprétation et d'en adapter le caractère aux besoins de la région.

PROGRAMME.

Même programme que pour la Section commerciale avec les seules différences d'interprétation qui découlent des instructions pédagogiques, (Voir page 88).

TROISIÈME ANNÉE.

HYGIÈNE ET ÉCONOMIE DOMESTIQUE.

INSTRUCTIONS PÉDAGOGIQUES.

L'enseignement de l'hygiène et de l'économie domestique a pour but de préparer la jeune fille au rôle important qui lui sera réservé un jour dans la société et la famille. Le professeur devra donc rendre cet enseignement essentiellement pratique. Il se limitera à l'exposé des questions en rapport direct avec les réalités de la vie et mettra sous les yeux des élèves le matériel et les produits dont il aura à parler. Les exercices pratiques devront être aussi nombreux que possible.

1° *Hygiène.*

Les organes et leurs fonctions dans leurs rapports avec l'hygiène.

Hygiène de l'alimentation. — L'eau, ses altérations; eaux potables, eaux contaminées, purification. Boissons aromatiques et stimulantes (thé, café, décoctions, infusions). Boissons fermentées, eaux-de-vie. Boissons alcooliques additionnées d'huiles essentielles.

Alimentation appropriée à l'âge, à la profession, au climat.

Les viandes malsaines, l'altération des œufs, du lait, du beurre, des farines; empoisonnements.

Précautions à prendre dans l'emploi des vases de cuivre et de plomb.

Hygiène de l'habitation et du vêtement. — Les divers climats. (On étudiera d'une façon spéciale la situation sanitaire de la région.)

L'habitation, aération, ventilation.

Chauffage : poêles, calorifères.

Éclairage : fuites de gaz, essences minérales, alcool. Allumettes.

Latrines, désinfection.

Les vêtements.

Hygiène du travail. — Les agents physiques : bruit, chaleur, humidité, poussières, etc.

Les agents infectieux et parasitaires.

La déformation professionnelle. Fatigue, surmenage.

Étude spéciale des conditions d'hygiène des industries féminines de la région.

Hygiène de la vie individuelle et de la vie sociale. — La propreté, fonctions de la peau et des glandes, utilité des bains.

Le repos. Le sommeil. Les exercices physiques.

Le tabac.

L'alcoolisme et ses dangers.

Maladies épidémiques et maladies contagieuses. En particulier la tuberculose. Les microbes et leur rôle. Procédés de la stérilisation et de la désinfection.

Hygiène de l'enfance. — Physiologie du nouveau-né et du nourrisson.

Des soins à donner à l'enfant nouveau-né.

Allaitement naturel et hygiène de la femme qui allaite. Allaitement artificiel. Allaitement mixte.

Poids, variations, accroissement.

Bains et hygiène de la peau. Vêtements. Chambre à coucher.

Sevrage. Alimentation au cours de la deuxième année.

Vaccination.

Les enfants débiles. La dentition.

Maladies des enfants. Alimentation des enfants malades.

Instructions sur les soins généraux à donner en cas d'accident ou de maladie. — Brûlures, morsures, fractures, hémorragies, plaies, empoisonnements.

Asphyxie, syncope. Secours aux noyés.

Position à donner aux malades. Précautions à prendre pendant le transport des malades et des blessés.

Exercices pratiques sur cette partie du programme.

2° *Économie domestique.*

Du rôle de la femme dans la famille et dans la société. — Sa part dans l'administration de la maison. Nécessité de l'ordre, de la prévoyance et de l'économie.

Budget : Comptabilité du ménage, proportions des dépenses aux ressources : équilibre du budget. Les conditions les plus avantageuses d'approvisionnement et d'achat selon les régions et selon les saisons. Les dangers des achats à crédit.

De l'habitation, choix, location, disposition, entretien.

Mobilier, choix et entretien. Soins particuliers à donner à la literie.

Éclairage et chauffage. — Les combustibles au point de vue de leurs usages et de leurs rendements. Appareils d'éclairage, leur étude comparative.

Appareils de chauffage, leur étude comparative : appareils à combustibles solides, à combustibles liquides, à combustibles gazeux. Principaux systèmes de calorifères.

Du vêtement. — Choix des étoffes. Entretien et nettoyage. Conservation des tissus et des fourrures. Principes de la teinture applicables dans la vie domestique.

Le jardinage, la basse-cour, la laiterie. L'élevage des animaux destinés à l'alimentation.

ÉCRITURE.

HORAIRE.

1re année	1/2 heure.
2e année	1/2 —

INSTRUCTIONS PÉDAGOGIQUES.

Les leçons seront consacrées à l'étude méthodique des principes et, aussitôt que possible, à des exercices d'application permettant de développer l'initiative et le goût de l'élève par la disposition et la combinaison des divers genres d'écriture : lettres, tableaux, entêtes de factures, étiquettes, menus, etc.

Non seulement le professeur d'écriture, mais tous les professeurs devront veiller à ce que les principes étudiés aux leçons soient appliqués dans les exercices écrits. On exigera en outre que les élèves se tiennent droites en écrivant, que les devoirs soient disposés avec soin, que l'écriture soit expédiée, nette et très lisible.

PROGRAMME.

PREMIÈRE ANNÉE.

Cursive-ronde. Exercices composés de cursive et ronde.

DEUXIÈME ANNÉE.

Bâtarde. Exercices composés de cursive, ronde et bâtarde.

ENSEIGNEMENT MÉNAGER.

HORAIRE.

1re année	4 heures.
2e année	4 —
3e année	4 —

INSTRUCTIONS PÉDAGOGIQUES.

Donner aux élèves les connaissances, le savoir-faire, les goûts et les habitudes nécessaires à une bonne maîtresse de maison, à une mère de famille, tel est le but de l'enseignement ménager.

Les divers professeurs qui concourent à l'éducation de la bonne ménagère doivent se pénétrer de l'importance de cette tâche et ne rien négliger pour la remplir entièrement.

Ils comprendraient mal leur devoir s'ils se bornaient à donner des connaissances théoriques et pratiques, sans faire naître et fortifier les habitudes d'initiative, d'activité, d'ordre, de propreté et d'économie indispensables à la ménagère accomplie, s'ils ne s'efforçaient d'intéresser les élèves aux divers travaux domestiques en les leur faisant aimer.

Nous ne saurions trop leur demander la vigilance nécessaire à une éducation ainsi comprise.

La plupart des cours d'enseignement ménager peuvent être communs à toute la classe. C'est pendant ou immédiatement après le cours que, devant leurs compagnes et à tour de rôle, les élèves feront les expériences pratiques auxquelles donneront lieu les leçons d'économie domestique et d'hygiène. C'est dans les ateliers qu'elles s'initieront en commun aux travaux de coupe, couture, modes et lingerie, enseignés par les préposées à l'apprentissage.

Pour le blanchissage, le repassage, la cuisine, le ménage et les soins à donner à la première enfance, les élèves seront appelées par groupes, à tour de rôle, de manière que la classe entière participe, en un temps déterminé, aux mêmes exercices.

Autant que possible, l'élève sera munie d'un bon manuel d'économie domestique et d'hygiène. Elle aura, en outre, un unique cahier sur lequel seront notés les conseils et les recettes donnés par le professeur.

L'organisation de l'enseignement ménager dans une école dépendra du nombre et du fonctionnement des sections professionnelles, de l'emploi du temps, de la disposition du local. En conséquence, nous nous bornons à indiquer ci-après, dans leurs grandes lignes, les différents programmes à appliquer.

Il appartiendra aux directrices d'en faire la répartition par année et par trimestre, aux professeurs d'en développer plus ou moins telle ou telle partie, suivant la destination des élèves et le temps consacré à chaque enseignement.

Les élèves se destinant à une profession ménagère (cuisinières, femmes de chambre, lingères, gouvernantes d'enfants, garde-malades) consacreront à l'enseignement ménager tout le temps réservé à l'apprentissage dans la Section industrielle. Il sera établi pour elles un horaire spécial : le nombre d'heures qu'elles auront à donner pour chacune des matières indiquées ci-après sera déterminé par la profession qu'elles voudront exercer à leur sortie de l'école.

ÉCONOMIE DOMESTIQUE.

Le cours théorique est compris dans le programme des sciences appliquées (voir page 56). Il trouve son application dans les divers exercices pratiques indiqués dans les programmes suivants.

HYGIÈNE.

SOINS À DONNER AUX MALADES. — HYGIÈNE DE LA PREMIÈRE ENFANCE.

Le cours théorique est compris dans le programme des sciences appliquées. (Voir page 56.)

EXERCICES PRATIQUES.

Frictions, massages, pansements. Application de cataplasmes, sinapismes, sangsues, ventouses.

Emploi des antiseptiques.

Préparation des tisanes.

Stérilisation du lait. Préparation du lait concentré.

Bouillies et potages pour l'enfant.

Inventaire de la pharmacie de l'École (pharmacie de famille). Usage et mode d'emploi de chaque produit.

Nota. Il nous paraît utile de conduire les élèves, par petits groupes, à un dispensaire municipal ou à une crèche. Elles y verront mettre en pratique les connaissances acquises à l'École. Les élèves qui se destinent plus particulièrement à soigner les malades ou les enfants pourraient être envoyées assez souvent à l'un ou l'autre de ces établissements, ou y faire un stage.

CUISINE.

L'installation d'une cuisine très simple, mais aussi bien agencée que possible, est nécessaire pour cet enseignement. On apprendra aux élèves :

1° A acheter et à choisir les denrées : achats journaliers et provisions ;

2° A conserver les viandes, légumes et fruits ;

3° A composer et à préparer un repas (déjeuner ou dîner) ;

4° A faire le service de la table ;

5° A nettoyer et ranger la vaisselle et les divers ustensiles employés.

Le professeur fera connaître les qualités nutritives des aliments, indiquera les moyens d'en tirer le meilleur parti possible et de faire de la bonne cuisine avec le minimum de dépense. Le prix de revient de chaque repas sera calculé et devra répondre au budget d'un ménage dont les ressources sont modestes.

La préparation de conserves ou de confitures, la confection de pâtisseries remplacera, certains jours, la préparation d'un repas.

Toutes les recettes non contenues dans le manuel de l'élève seront relevées sur le cahier d'enseignement ménager et suivies d'un tableau indiquant les quantités et les prix des produits employés.

Le professeur arrêtera un programme en tenant compte des ressources que présente chaque saison pour la composition des menus. Il fera en sorte qu'avant leur sortie de l'École les élèves aient été initiées et, autant que possible, exercées aux préparations suivantes :

PROGRAMME.

Potages : Potages gras (pain, vermicelle, pâtes, tapioca, etc.).
Potages au lait (pain, vermicelle, pâtes, tapioca, etc.).
Bouillies.
Panades.
Potages aux légumes et aux purées de légumes.

Préparation des viandes de boucherie, des volailles, du gibier, du poisson.
Rôtis à la broche, au four, à la casserole, sur le gril.
Viandes braisées, panées, sautées, cuites à l'eau ou à la vapeur, pot au feu.
Fritures, marinades, pâtés.
Jus, roux, liaisons.
Sauces au beurre, à l'huile, à la crème, au vin, au vinaigre; sauces diverses couramment employées.
Manière d'accommoder les restes de viandes : hachis, croquettes, rissoles, etc.

Préparation des œufs et des divers légumes.
Salades.

Hors-d'œuvre : coquilles de beurre, radis, concombres, tomates, céleri, betteraves, pommes de terre, etc.

Entremets sucrés : gâteaux de riz et de semoule, crèmes, crêpes, beignets, œufs à la neige, etc.

Pâtisseries de ménage : feuilletés, tartes, biscuits de Savoie, quatre-quarts, etc.

Fruits cuits : compotes, confitures, sirops.

Chocolat, café, thé.

Préparation des conserves.

CUISINIÈRES.

Les élèves cuisinières appliqueront ce programme, mais aux recettes les plus courantes s'ajouteront pour elles des préparations culinaires un peu plus recherchées. Elles apprendront à composer un menu, à préparer les aliments, à découper les viandes, à dresser les plats, à disposer les hors-d'œuvre et les desserts, à faire le service pour une table bourgeoise.

A titre d'exemple nous complétons, pour les élèves cuisinières, le programme ci-dessus, toute latitude étant laissée au professeur pour l'application aussi rationnelle que possible de ce programme.

Potages. — Potages à la Crécy, à la Conty, à la Condé, à la Parmentier, à la julienne. Potage velouté, etc.

Relevés. Entrées. Rôtis.

Viandes. — Filet de bœuf sauce madère. Tête de veau à la financière. Foie à la Marengo. Ris de veau à la poulette. Fricandeau au jus. Escaloppe à la milanaise. Gigot à la provençale. Côtelette à la jardinière. Filet de porc piqué et mariné. Pieds à la Sainte-Menehould, etc.

Volailles. — Poulet sauté chasseur. Dinde farcie. Canard aux olives. Pigeon à la crapaudine, etc.

Gibier. — Gibelotte de lapin. Civet de lièvre. Salmis de perdreaux, etc. Terrines.

Poissons et coquillages. — Morue à la béchamel. Raie au beurre noir. Sole normande. Anguille en matelotte. Truite sauce verte. Moules en coquilles. Mayonnaise de homard, etc.

Œufs. — Œufs frits. Œufs au jus. Œufs pochés. Omelette aux champignons, etc.

Légumes. Pommes soufflées. Carottes à la poulette. Céleri braisé. Asperges sauce mousseline. Tomates farcies, etc.

Entremets sucrés. — Omelette à la Célestine. Omelette au rhum. Gelées diverses. Crèmes diverses. Soufflés. Charlottes. Puddings. Croquettes. Meringues, etc.

SOINS DU MÉNAGE.

On donnera aux élèves les habitudes de soin et de propreté nécessaires à la ménagère en les faisant participer à la bonne tenue de l'École. Elles rangeront les divers objets ayant servi à l'enseignement dans les classes et dans les ateliers; elles essuieront les meubles, nettoieront les tables, les bureaux et les encriers, veilleront à l'ordre des vestiaires, etc.

Afin de leur apprendre comment on tient un appartement dans un parfait état de propreté, on leur laissera, à tour de rôle, le soin de nettoyer et ranger entièrement elles-mêmes la cuisine de l'École, le salon d'essayage, le bureau des professeurs, etc. Le professeur veillera à ce que les conseils donnés au cours d'Économie domestique et d'Hygiène soient suivis, que les recommandations faites soient observées.

PROGRAMME.

Balayage. — Lavage des planchers. Entretien des parquets. Cirage et frottage. Préparation de l'encaustique.

Lavage des vitres, des glaces, des marbres.

Essuyage et nettoyage des parois, des boiseries, des plinthes. Nettoyage et entretien des meubles, des tentures, des tapis, de la literie. Aération et confection du lit.

Lavage et essuyage de la vaisselle. Nettoyage de l'évier. Rinçage des carafes et des bouteilles. Entretien des couverts.

Écurage de la batterie de cuisine.

Nettoyage des poêles, fourneaux, chenêts, pelles et pincettes.

Nettoyage et remplissage des lampes.

Rangement du buffet et des armoires.

PROFESSIONS MÉNAGÈRES.

Des connaissances pratiques et de bonnes habitudes relatives à l'entretien des différentes pièces composant un appartement nous paraissent plus particulièrement nécessaires aux élèves qui se destinent à une profession ménagère, à celles au moins qui se préparent au service des maisons bourgeoises.

Pour elles, nous complétons ainsi et résumons en quelque sorte les travaux indiqués plus haut :

Nettoyages et rangements à effectuer chaque jour, chaque semaine, chaque mois, avant et après l'hiver, dans un appartement : cour, cuisine, office, salle à manger, salon, chambre à coucher, cabinet de toilette, etc.

BLANCHISSAGE, DÉGRAISSAGE ET REPASSAGE.

PROGRAMME.

Lessive : essangeage, coulage, rinçage, étendage, pliage, savonnage.

Repassage (Programme des ateliers : Repassage 1re année). [Voir page 20.]

Nettoyage des lainages et des flanelles.

Nettoyage des vêtements de couleur : lainages, soies, velours.

Enlèvement des taches.
Repassage des vêtements.

LINGÈRES ET FEMMES DE CHAMBRE.

Ajouter à ce programme les exercices portés en 2e année au programme de repassage. (Ateliers.)

RACCOMMODAGE.

PROGRAMME.

Linge. — Étude de la reprise sur mousseline et sur toile. Morceaux rapportés.

Raccommodage de torchons, mouchoirs, serviettes, nappes, chemises, pantalons, jupons, cache-corsets.

Vêtements. — Reprises et morceaux rapportés sur lainage. Raccommodage de bas, de tabliers d'enfants, de jupons et de robes (poches, ceintures, faux-ourlets), de corsages [poignets, cols, dessous de bras], de pantalons d'hommes (fond, faux-ourlets).

Agrandissement et transformation de vêtements d'enfants.

LINGÈRES ET FEMMES DE CHAMBRE.

Même programme. — Les lingères seront plus particulièrement exercées à la visite et au raccommodage du linge avant le repassage.

LINGERIE ET BRODERIE.

PROGRAMME.

Étude des divers points. Pièces d'étude. (Voir programme des Ateliers, Lingerie, 1re année, page 12.)

Marques au point de croix et au point de chaînette.

Festons et chiffres simples.

Linge de cuisine et de table. Draps et taies d'oreiller.

Coupe et confection d'objets de layette et de trousseau : bavoir, brassière, couche-culotte, chemise, pantalon, chemise de nuit.

LINGÈRES DE MAISON ET FEMMES DE CHAMBRE.

Même programme.

COUPE ET COUTURE USUELLES.

PROGRAMME.

Étude des divers points sur étoffe de laine simple et doublée. Pièces d'étude. (Voir programme des Ateliers, Couture, 1re année, page 10.)

Coupe et confection de vêtements simples : petit jupon, robe de dessous, tablier, robe de baby, jupon de dame, chemisette, corsage et jupe simples.

FEMMES DE CHAMBRE.

Même programme.

MODES.

Aux changements de saison, les élèves pourront être invitées à confectionner elles-mêmes leur chapeau et celui de leur mère. La maîtresse modiste les guidera pour le choix et l'achat des fournitures, elle leur montrera à les disposer avec goût.

Ce travail aura surtout pour objet d'initier les élèves à une occupation pour laquelle il suffit d'avoir du goût et de l'adresse. Il permettra de leur donner une bonne leçon pratique d'économie par la comparaison du prix de revient d'un chapeau vu dans un magasin et copié par elles au prix de ce même chapeau acheté tout fait.

PROGRAMME.

Exercices préparatoires :

Confection de formes en laiton et en pailles cousues. Ourlage et pose de coiffes.

Biais, rouleautés, coulissés et bouillonnés en mousseline, crêpe, satin et velours.

Confection de nœuds et de choux.

Repassage du velours, du crêpe, du tulle et des dentelles.

SECTION COMMERCIALE.

COMMERCE ET COMPTABILITÉ.

HORAIRE.

	1re A.	2e A.	3e A.
Commerce et Comptabilité..........	2h	3h	3h
Exercices pratiques................	2	3	3

INSTRUCTIONS PÉDAGOGIQUES.

L'enseignement des notions de commerce et de comptabilité sera à la fois théorique et pratique, et le professeur devra recourir à de nombreux exercices d'application.

Au cours des explications sur le commerce, il placera sous les yeux des élèves les spécimens de divers documents commerciaux et des pièces comptables qu'il étudiera.

L'exposé théorique de la comptabilité sera accompagné, en première année, d'exercices de tenue de livres; en deuxième année, de l'établissement de monographies développées; en troisième année, d'exercices pratiques qu'il serait désirable de voir donner sous la forme du bureau commercial.

L'école recevra utilement des journaux commerciaux, des circulaires, des prix-courants, dans lesquels les élèves trouveront les cotes des marchandises, ainsi que les renseignements dont elles ont besoin sur les frets, les importations et les exportations, le cours des changes, les taux d'escompte, etc.

L'école pourra s'adresser, le cas échéant, à des industriels, à des négociants ou des commerçants et banquiers de la région pour avoir des renseignements spéciaux.

Les indicateurs Chaix, les tarifs de douane seront également mis à la disposition des élèves.

Toutes les opérations se traiteront par correspondance; les lettres, factures, comptes d'achat ou de vente seront écrits en français ou en langues étrangères, passés au copie de lettre par celle qui les envoie, vérifiés et classés par celle qui les reçoit.

Pour les télégrammes, qui jouent un si grand rôle dans les transactions avec les pays lointains, on se servira d'un code spécial. Ce travail pliera les élèves aux habitudes commerciales.

Des presses à copier, des machines à écrire et à calculer seront mises à leur service.

Le professeur devra se rendre compte exactement des opérations sur le point d'être engagées, qu'il approuvera ou critiquera. Il lira la correspondance et examinera attentivement les livres pour s'assurer qu'ils sont tenus avec soin et à jour.

Chaque trimestre, ou même chaque mois, il sera dressé une balance générale.

Un inventaire complet sera établi à la fin de l'année scolaire; le plus grand soin sera apporté à sa composition et aucune élève ne pourra se dispenser de terminer ce travail.

PROGRAMME.

PREMIÈRE ANNÉE.

COMMERCE.

Des actes de commerce. Commerce de gros et de demi-gros. Commerce de détail. Commerce intérieur. Importation. Exportation. Transit.

Commerçants. — Définition du commerçant. Diverses sortes de commerçants. Négociants. Fabricants. Intermédiaire du commerce. Commissionnaires. Courtiers. Représentants. Voyageurs. Entrepositaires. Transporteurs. Banquiers. Agents de change. Coulissiers,

Échange. — Échange en nature. Échange commercial; achat et divers modes de ventes au comptant avec ou sans escompte. Achat et vente à terme ou en compte avec ou sans intérêt. Diverses sortes de ventes. Factures. Note. Quittance. Memorandum. Bon de commission. Bon de réception. Cartes d'échantillons, etc. Monnaie réelle. Monnaie fiduciaire. Payement au comptant au moyen de la monnaie, du chèque et du virement. Règlement à terme au moyen du billet à ordre, de la lettre de change, de la traite et du mandat.

De la correspondance commerciale. — Son importance, classement des lettres reçues. Copie des lettres envoyées. Postes et télégraphes. Taxe des lettres, imprimés, échantillons et papiers d'affaires. Valeurs déclarées. Lettres et objets recommandés. Mandats et Bons de poste. Recouvrements. Taxes télégraphiques; mandats télégraphiques.

NOTIONS GÉNÉRALES DE COMPTABILITÉ.

Définition du compte. Doit ou débit ou entrée. Avoir ou crédit ou sortie. Balance ou solde. Fermeture et réouverture. Manière de disposer un compte : Prendre pour exemple le compte de caisse et étudier en même temps les pièces justificatives des mouvements d'espèces.

Étudier la représentation, au moyen de comptes, des valeurs existant dans une exploitation quelconque.

Classification des comptes : comptes du capital, compte des valeurs immobilisées, compte des valeurs disponibles, compte des valeurs engagées, compte des personnes, compte des résultats.

Tenue des livres et comptabilité. Comptabilité à partie simple. Son insuffisance. Comptabilité à parties doubles. Dualité des comptes. Digraphie.

Du journal. — Définition. Formules des écritures à parties doubles. Redressement et vérification. Rectification d'écriture.

Du grand livre. — Disposition. Ouverture des comptes dans l'ordre de la classification. Rapports du journal et du grand livre. Balance des comptes du grand livre. Écriture d'inventaire. Balance d'inventaire. Établissement du bilan. Fermeture et réouverture des comptes au grand livre, avec ou sans écritures au journal.

Exercices pratiques. — Établissement de pièces comptables. Tenue des livres principaux employés dans le commerce.

DEUXIÈME ANNÉE.

Transports. — Étude des transports. Formalités d'expéditions. Colis postaux. Lettre de voiture. Bordereau d'expédition. Connaissement et récépissé. Tarifs d'expédition. Principe des assurances : leurs rapports avec les transports. Mode d'acquittement des droits de douane et de régie. Entrepôts; leur fonctionnement. Warrants et récépissés.

Bourses de marchandises. — Notions sommaires de leur fonctionnement.

Bourses de valeurs. — Classification des valeurs. Calcul sur les opérations au comptant. Définition des opérations à terme.

Différents modes de placement des capitaux. Rentes sur l'État. Actions et obligations.

Escompte et négociation des effets de commerce.

Confection des bordereaux d'escompte en appliquant les tarifs des banques et leurs méthodes de calcul. Effets bancables.

Comptes courants et d'intérêts. — Étude de la méthode directe, de la méthode indirecte et de la méthode hambourgeoise. Avantages et inconvénients de chacune d'elles. Comptes courants à taux non réciproques. Comptes d'avances de la Banque de France.

Opérations usuelles des banques. — Escompte et encaissement des effets de commerce et des créances quelconques. Dépôts d'argent, de titres et de valeurs précieuses. Avances sur titres et sur marchandises. Payement de coupons. Ouverture de crédit. Délivrance de chèques, de mandats, de lettres de crédit, etc.

Émissions de titres.

Écritures de virement. Idée générale des chambres de compensation.

Comptabilité. — Modes de divisions du journal. Journaux auxiliaires des mouvements d'entrée et de sortie de caisse, de portefeuille, etc. Journal général ou synthétique. Formules d'articles récapitulant les mouvements des journaux auxiliaires sur le journal général. Utilité d'additionner les journaux auxiliaires et le journal général.

Définir les comptes collectifs. Montrer leur utilité pour contrôler les collections des comptes ouverts dans les grands livres auxiliaires et pour simplifier la balance des comptes.

Divisions du grand livre. — Grand livre général et synthétique. Grand livre auxiliaire ou analytique. Correspondance du grand livre général et des grands livres auxiliaires. Balance du grand livre général avec classification des comptes. Du journal. Grand livre.

Comptabilité privée. Comptabilité d'un ménage.

Ouverture des livres de sociétés en nom collectif et en commandite simple, de sociétés par actions. Écritures de répartition des bénéfices.

Exercices pratiques. — Monographies de maisons de commerce.

TROISIÈME ANNÉE.

Comptabilité industrielle. — Organisation des livres en raison de la division du travail industriel. Magasins des matières premières. Comptes d'achats. Prix de revient industriel et étude de ses éléments. Nécessité d'amortir les comptes de valeurs immobilisées. Écritures d'amortissement.

Principes généraux d'organisation d'une comptabilité. Exposer simplement ce que l'on entend par « permanence de l'inventaire ».

Notions de gestion commerciale et industrielle. — Organisation d'une exploitation. Du capital nécessaire. De la matière première de la marchandise. Prix de revient. De la conduite des affaires. Du crédit. De la publicité. Modes de publicité. Étude de nombreux bilans d'entreprises diverses.

Exercices pratiques. — Bureau commercial.

NOTIONS DE LÉGISLATION USUELLE ET COMMERCIALE.

HORAIRE.

2ᵉ année .... 1 heure.
3ᵉ année .... 1 —

INSTRUCTIONS PÉDAGOGIQUES.

Les jeunes filles sortant d'une école pratique de commerce ne sont pas destinées à occuper des emplois qui exigent une connaissance approfondie du droit commercial. Il est nécessaire néanmoins qu'elles possèdent des notions assez précises de cette législation pour comprendre la signification des termes juridiques employés dans la correspondance qu'elles sont appelées à rédiger ou à dactylographier, pour se rendre compte du caractère des affaires commerciales auxquelles elles collaborent et de la portée des opérations comptables qu'elles sont chargées d'enregistrer.

D'autre part, le droit civil comporte un certain nombre de prescriptions dont la connaissance sommaire est aussi indispensable à la femme qu'à l'homme. Ces règles de législation usuelle ont trait à la capacité des personnes, à la famille, à l'état civil et aux contrats généralement usités. Elles devront, avec quelques considérations sur les principes essentiels du droit et sur l'organisation judiciaire, précéder l'étude de la législation commerciale.

Tel est le double objet du cours de législation.

Le professeur chargé de cet enseignement s'attachera surtout à l'étude des questions qui sont d'une application usuelle et que les jeunes filles auront intérêt à connaître lorsqu'elles entreront dans la vie active. Il les exposera dans un langage simple et précis, en les considérant sous leur aspect pratique et en s'appuyant, autant que possible, sur les pièces comptables et sur les documents commerciaux.

Il éliminera résolûment les explications inutiles, les connaissances de luxe, les discussions purement juridiques qui risqueraient d'être mal comprises par les élèves et qui, en tout cas, ne feraient que surcharger leur mémoire sans aucun profit.

PROGRAMME.

DEUXIÈME ANNÉE.

LÉGISLATION USUELLE.

Introduction. — Le droit. Les lois. Les codes. Utilité de cet enseignement.

Les personnes. — Capacité de personnes. Minorité. Émancipation civile et commerciale. Conseil judiciaire. Interdiction.

La famille. La parenté. Diverses sortes de parenté. Droits et devoirs réciproques des parents et des enfants.

L'état civil. Son importance sur l'individu et pour la société.

Les contrats. — Règles générales relatives aux obligations et aux contrats.

Principaux contrats. Étude particulière du contrat de vente et du contrat de louage. Notions sur les autres contrats. Prêt, cautionnement, mandat. Hypothèques.

Organisation judiciaire. — Juridiction civile. Juridiction pénale. Juridiction industrielle et commerciale. Juridiction administrative. De l'assistance judiciaire.

LÉGISLATION COMMERCIALE.

Introduction. — Notions générales sur le commerce et le droit commercial.

L'établissement du commerçant. — Conditions nécessaires pour être commerçant; des actes de commerce. Liberté du commerce et de l'industrie. Capacité : mineur commerçant et femme commerçante. Droits et prérogatives des commerçants. Représentation commerciale : chambres de commerce et chambres consultatives des arts et manufactures.

Obligations professionnelles des commerçants : livres de commerce, publicité du contrat de mariage, patente.

L'organisation et le fonctionnement de la maison de commerce. — Le patron et ses employés. Contrat de louage de services et obligations qui en résultent. Salaires; traitements et commissions : privilège en cas de faillite. Insaisissabilité. Rupture du contrat de louage de service.

TROISIÈME ANNÉE.

La mise du commerce en société. — Sociétés civiles et sociétés commerciales. Diverses espèces de sociétés commerciales, besoins commerciaux et industriels auxquels elles répondent. Sociétés en nom collectif. Sociétés en commandite simple et par actions. Sociétés anonymes. Association en participation. Sociétés à capital variable (sociétés coopératives).

La vie commerciale et les contrats commerciaux. — La vente. La commission. Le transport. Règles spéciales aux transports effectués par les Compagnies de chemins de fer; délais de transport, tarifs, camionnage, colis postaux. Les opérations de bourse : agents de change et courtiers.

L'appel au crédit. — Le prêt et ses garanties : gage commercial, nantissement du fonds de commerce. Magasins généraux. Les effets de commerce : lettres de change, billets à ordre, chèques. Les opérations de banque : prêt, escompte, ouverture de crédit, compte-courant. Banque de France.

La liquidation de la maison de commerce. Vente du fonds de commerce; formalités, droits fiscaux. Faillite, liquidation judiciaire. Banqueroute simple et banqueroute frauduleuse; réhabilitation.

Notions générales sur la propriété industrielle.

Brevets d'invention. Marques de fabrique et de commerce. Dessins et modèles industriels. Nom commercial, Concurrence déloyale. Union internationale pour la protection de la propriété industrielle.

NOTIONS D'ÉCONOMIE COMMERCIALE.

HORAIRE.

3e année. .... 1 heure.

INSTRUCTIONS PÉDAGOGIQUES.

L'économie commerciale ne fera pas l'objet d'un cours suivi et complet où toutes les questions sont successivement abordées.

Elle se composera d'un certain nombre de leçons détachées au cours desquelles le professeur se gardera de discuter les problèmes que soulève l'économie politique. Il s'efforcera seulement, dans le cadre limité qui est tracé par le programme, de donner à ses élèves une connaissance précise des principaux rouages économiques du commerce.

A la fin de chaque leçon, un résumé de quelques lignes sera dicté aux élèves.

PROGRAMME.

Les agents de la production. La nature. Conditions physiques, matières premières, forces naturelles.

Le travail : différentes sortes de travaux.

Le capital : ses diverses formes. Formation du capital.

Caractères de la production contemporaine. — Développement du machinisme. Division du travail. Développement de la grande industrie : ses caractères. Les crises.

Rémunération des agents de la production. Le prix de revient. Rémunération du capital : intérêts et bénéfices. Rémunération du travail : 1° du travail intellectuel, droits de l'inventeur, appointements; 2° du travail manuel, étude du salariat et des divers modes de salaires. Participation aux bénéfices.

Relations entre patrons et ouvriers. — Des diverses institutions patronales.

L'échange. — Valeur. Prix. Causes qui influent sur les variations des prix.

Les commerçants. — Commerce de gros et commerce de détail. Les grands magasins.

Des moyens de transports. — Utilité des transports à bon marché.

La monnaie.

Le crédit. — Services qu'il rend; ses inconvénients et ses dangers. La monnaie de crédit.

Les bourses.

Le commerce international. — Quelques mots sur le libre échange et la protection; sur le régime douanier.

Population. — Émigration. Colonisation : conditions pour réussir dans les colonies.

La consommation. — Le luxe.

L'épargne. — Diverses institutions d'épargne.

L'assurance. — Ses diverses formes.

L'association.

Les sociétés de secours mutuels.

Société de crédit populaire.

Sociétés coopératives de production, de consommation.

Les syndicats professionnels. Leur rôle. Devoirs des patrons et des ouvriers.

L'État. — Attributions générales de l'État. Son intervention dans les relations économiques. Intervention législative dans les questions du travail.

Les dépenses et les ressources publiques. Les impôts. Le budget.

LANGUE FRANÇAISE.

HORAIRE.

1re année	4 heures.
2e année	3 —
3e année	3 —

Première année. — Deux classes seront consacrées aux exercices de grammaire et aux exercices orthographiques; une classe à la lecture expliquée et à la récitation; une classe à la composition française.

Deuxième et troisième année. — Une classe sera consacrée aux exercices de grammaire et aux exercices orthographiques; une classe à la lecture expliquée et à la récitation; une classe à la composition française et à la correspondance commerciale.

Le programme de langue française est le même que celui de la section industrielle. (Voir page 33.)

CORRESPONDANCE COMMERCIALE.

INSTRUCTION PÉDAGOGIQUE.

Habituer les élèves au style commercial, clair et concis; les familiariser avec les formules généralement employées, examiner avec elles les différentes lettres qu'elles pourront être appelées à écrire dans le commerce et les leur faire rédiger, tel est le but essentiellement pratique de ce cours.

Le professeur notera, d'une part, le style; d'autre part, l'écriture et la disposition matérielle auxquelles on ne saurait attacher une trop grande importance.

PROGRAMME.

Conseils généraux. — Définition, rôle, utilité et fonctionnement de la correspondance commerciale dans une maison de commerce.

Prescriptions légales. Copie de lettres. Répertoire. Classement des lettres reçues.

Rédaction des lettres de commerce. Style commercial : ses qualités. Disposition matérielle : format, date; en-tête, préambule, texte, formule, signature.

Adresse; affranchissement.

Exercices pratiques. — Différentes lettres de commerce : demandes d'emploi. Offres de service. Commandes, ordres, commissions. Renseignements. Expédition et réception des marchandises. Règlements et recouvrements. Affaires de banque et de bourse.

Contentieux et litiges. Circulaires.

LANGUES ÉTRANGÈRES.

HORAIRE.

1re année	5 heures.
2e année	5 —
3e année	5 —

INSTRUCTIONS PÉDAGOGIQUES.

L'enseignement des langues vivantes dans les écoles pratiques de jeunes filles s'adresse à de futures employées de commerce; il doit les mettre à même de puiser rapidement des informations dans la presse et les publications étrangères, de tenir la correspondance, de converser sur les questions industrielles et commerciales. Il doit donc être rigoureusement utilitaire, pratique toujours, technique vers la fin, et écarter résolument les subtilités grammaticales et les visées littéraires.

L'expérience a prouvé que l'emploi constant de la langue étrangère en classe amenait des progrès plus rapides et plus sûrs que les exercices de traduction. Le professeur se servira donc, surtout au début, de la méthode directe, sans pour cela s'interdire de donner des explications dans la langue maternelle.

Il attachera une importance particulière à l'étude rigoureuse de la prononciation, des règles grammaticales et des applications professionnelles.

1° *Prononciation.* — Dans le premier trimestre de la première année, on fera faire aux élèves, au début de chaque classe, des exercices nombreux et répétés qui leur permettront, par exemple, de bien prononcer le *th* et l'*h* aspiré en anglais ou le *ch* en allemand. On insistera sur l'accentuation des mots, le rythme de la phrase. Les maîtresses se souviendront que les élèves ont à vaincre des difficultés physiques et qu'il importe d'exercer tous les organes de la parole, le larynx, la langue, les dents, pour obtenir les sons justes, faire lier les mots entre eux et donner à la phrase lue ou construite sa véritable physionomie.

2° *Étude des règles grammaticales.* — L'étude rapide des principales règles grammaticales, tirées de nombreux exemples, donnera de la solidité aux exercices oraux, qui devront tenir une place importante dans l'enseignement. Ces exercices, préparés à haute voix par l'élève, la disposeront à oser se servir des mots appris, à parler avec assurance et correction. Ce travail oral bien gradué servira à la fois d'exercice de prononciation, d'exercice de mémoire, d'application des règles de grammaire. On commencera avec l'étude des mots les plus usuels, des verbes les plus généralement employés. On fera apprendre et composer par les élèves des phrases courtes, simples d'abord, et qui, de trimestre en trimestre, deviendront plus longues et plus compliquées.

L'étude des idiotismes devra être commencée dès la première année et devra être poursuivie parallèlement à l'étude des mots : elle se continuera dans les années suivantes. L'étude grammaticale dominera assez l'enseignement pour que les élèves puissent appuyer sur une base solide les exercices d'application qu'elles auront à faire. Mais, en même temps qu'on évitera les méthodes empiriques, il sera sage de ne faire étudier qu'avec une grande sobriété, et au fur et à mesure que les progrès s'affirmeront, les exceptions et remarques subtiles qui morcellent une langue et en rendent la pratique difficile.

3° *Applications professionnelles.* — Quand les élèves seront familiarisées avec les mots usuels, avec les phrases qu'on répète dans la vie de tous les jours, on devra leur faire faire une étude spéciale de la langue qu'elles auront à parler, soit dans le commerce, soit dans l'industrie, langue qui emploie certaines tournures, certaines expressions techniques qu'il faut savoir pour bien traiter les affaires, surtout par correspondance. On leur donnera d'abord le lexique composé des mots employés dans tel ou tel genre d'industrie; ensuite, des dialogues mettront en présence l'acheteur et le vendeur, l'industriel et le négociant ou le consommateur. Dans des exercices de rédaction personnelle, de correspondance, on traitera des affaires qui se feront le plus ordinairement.

4° *Lecture.* — A tous les stades, l'enseignement sera complété et nourri par des lectures appropriées.

GÉOGRAPHIE.

HORAIRE.

1re année	2 heures.
2e année	2 —
3e année	2 —

INSTRUCTIONS PÉDAGOGIQUES.

Le programme ci-après indique très nettement quelles sont, pour chaque pays, les questions que le professeur devra traiter et l'ordre dans lequel il convient d'aborder chacune d'elles. Il va sans dire qu'avec des élèves qui se destinent au commerce, c'est surtout sur la géographie industrielle et commerciale qu'il faut insister. La géographie politique sera étudiée brièvement. Quant à la géographie physique, les diverses questions qu'elle comporte retiendront l'attention de la maîtresse dans la mesure où elles servent à expliquer les faits d'ordre économique.

Le professeur s'aidera d'un précis où les élèves trouveront ce qui n'exige d'elles qu'un effort de mémoire : pour la géographie physique, la nomenclature; pour la géographie politique, ce qui se rapporte à la population et aux races, à la religion et à la langue, au gouvernement, aux grandes divisions administratives et aux villes principales. Grâce au secours que lui apportera ainsi le livre, le professeur pourra consacrer le temps de la leçon au développement de certaines questions par lui choisies, et qui provoqueront de sa part des explications plutôt qu'un simple exposé. Souvent, des lectures intéressantes pourront utilement s'ajouter à la leçon orale. Enfin il serait excellent de compléter la séance par des projections, partout où l'on peut disposer d'une installation convenable et des appareils nécessaires. Faute de projections, l'usage de photographies, de gravures, de cartes postales même est à recommander.

Pour les interrogations comme pour les exposés, le professeur aura recours à des cartes murales de grandes dimensions, ou à des cartes qu'il aura lui-même exécutées, soit au tableau noir, soit sur de la toile ou du papier goudronné. Pour les interrogations, les cartes mises sous les yeux des élèves devront toujours être des cartes muettes.

Spécialement dans l'étude de la géographie économique, on doit se garder d'abuser, pour les questions qui s'y prêtent, de la nomenclature : par exemple, il ne faut pas vouloir énumérer toutes les productions naturelles que chaque pays peut fournir, mais se borner à bien fixer dans la mémoire des élèves les produits essentiels et caractéristiques. Un autre écueil à éviter est l'excès des renseignements statistiques. S'il est du devoir du professeur de se tenir à jour, et pour cela de consulter avec soin les documents statistiques officiels périodiques établis et publiés, il doit prendre garde de surcharger la mémoire des élèves de détails trop minutieux et de prétendre à une trop rigoureuse exactitude. Quelques chiffres typiques, sérieusement contrôlés, suffiront d'ordinaire à fixer dans leur esprit les notions essentielles. Il ne sera pas d'ailleurs inutile de leur faire connaître les recueils de statistiques les plus importants de façon qu'elles sachent plus tard chercher, s'il y a lieu, les renseignements dont elles peuvent avoir besoin.

Afin de mieux préciser les notions qu'elle veut donner à ses élèves, la maîtresse pourra utilement recourir à l'emploi de résumés synoptiques, à l'usage de graphiques ou de figures proportionnelles qui permettent une classification et une comparaison rapide et nette entre les divers États ou les régions considérées.

Le vrai devoir de géographie consiste dans la confection de cartes. Il faudra demander aux élèves de s'exercer à reproduire, sans jamais calquer, la carte des régions qu'elles étudient ; ne pas leur proposer de cartes compliquées, mais des croquis assez simples ; exiger l'exactitude ; proscrire les cartes coloriées et enjolivées, qui prennent plus de temps qu'elles n'offrent de profit.

PROGRAMME.

PREMIÈRE ANNÉE.

Notions de géographie générale.

Le globe terrestre. Les deux mouvements de la Terre. Pôles. Équateur.

Méridiens et parallèles. Longitude et latitude. Le jour et la nuit. Les saisons.

Notions élémentaires de géologie : les terrains.

Le relief du sol : montagnes, volcans, plaines.

Continents et mers : leur répartition sur le globe ; étendue. Les cinq océans. Les grandes mers intérieures.

Atmosphère : vents et pluies. Les climats.

Les eaux : eaux courantes, lacs et marais. Action des eaux.

Les côtes. Diverses espèces de côtes. Variations des rivages. Îles.

Les êtres vivants : végétaux, animaux. L'homme : races.

Étude générale d'une région polaire, d'une région tropicale, d'une région tempérée.

Les deux Amériques.

L'Océanie.

L'Afrique.

Nota. Pour l'étude de ces derniers paragraphes, on suivra l'ordre ci-après indiqué :

I. *Géographie physique.*

1° Situation, limites et superficie du pays ou de la région considérée. Avantages et inconvénients de cette situation au point de vue du climat, de la formation historique, du commerce.

2° Nature du sol. En dégager les influences sur le régime des eaux, les côtes, les productions, les populations.

3° Relief du sol. Son action sur le régime des eaux, le climat, le groupement des populations, les productions, les communications.

4° Climat et pluies. Leur influence sur la répartition des populations et des productions.

5° Hydrographie. Rôle agricole, industriel, commercial et politique des cours d'eau.

6° Côtes et îles. Les expliquer par la géologie, le relief, l'action des eaux marines et fluviales.

7° Ressources naturelles.

II. *Géographie politique.*

1° Formation historique dans ses rapports avec la géographie.

2° Population : races, religions, langues.

3° Divisions politiques et administratives. Principales villes. Budget, armée et marine.

III. *Géographie économique.*

1° Conditions générales : situation dans le monde ; voisinage ou éloignement des grands courants commerciaux ; nature du sol et du sous-sol ; activité plus ou moins grande des habitants.

2° Agriculture. Influence du sol, du relief, du climat, des eaux. Forêts et produits naturels. Principales cultures.

3° Industrie. Conditions générales. Mines. Principales industries.

4° Commerce. Moyens de communications. Commerce intérieur. Commerce extérieur. Principaux ports. Importation et exportation. Produits échangés, principales relations internationales. Relations commerciales avec la France.

(Ce plan d'étude ne s'appliquera dans son intégralité qu'aux contrées de premier ordre. Pour les autres, il y a lieu de le simplifier, de le réduire, en le proportionnant à l'importance des pays dont on s'occupera.)

DEUXIÈME ANNÉE.

L'Asie. — (Cette étude sera faite d'après le plan suivi en première année pour les autres parties du monde.)

L'Europe. — Géographie physique. Grandes plaines à l'Est et au Nord. Massifs montagneux et plateaux du Centre. Les péninsules du Sud. Les îles britanniques. Routes naturelles entre les différents versants.

Climats.

Les eaux : océans et mers ; détroits ; fleuves et lacs
Description du littoral et des îles.
Étude particulière de chacun des pays d'Europe. (Cette étude sera faite suivant les indications qui ont été données ci-dessus, à propos du cours de première année.)

TROISIÈME ANNÉE.

La France ; Colonies et pays de protectorat.

1. Étude au point de vue physique et économique de la région où se trouve l'école (région montagneuse, région de plaine, région maritime ou région de culture, etc.) ; traits caractéristiques de cette région ; conditions plus ou moins favorables à tel genre d'industrie ou au commerce. Mode d'exploitation par l'homme des richesses naturelles qui s'y trouvent.

Comparaison avec les régions similaires de la France ou des autres pays. Grandes industries ou principaux centres industriels. La concurrence étrangère. Principaux ports; importation et exportation. Pays avec lesquels sont établies les relations d'échanges.

II. Étude semblable pour le reste de la France, divisée en régions naturelles : Région du Nord. Bassin parisien. Région de l'Est. Région du Jura et des Alpes. Région de la Saône. Région méditerranéenne. Région pyrénéenne. Région du Sud-Ouest. Région du Massif central. Région de l'Ouest. Région bretonne et normande.

III. Géographie politique. Indications sur les départements, leurs chefs-lieux et les villes principales; le gouvernement, les divisions administratives. La population suivant la région, les religions, les langues. La défense des frontières.

IV. Étude des colonies françaises, spécialement au point de vue économique. Insister sur les relations de chaque colonie avec la métropole et avec les pays étrangers.

V. Étude, spécialement au point de vue économique, des grandes puissances du monde en Europe et hors d'Europe.

VI. Étude de quelques produits commerçables au point de vue géographie : métaux précieux; combustibles; matières textiles (coton, laine, soie); produits alimentaires (céréales, sucres, cafés, etc.).

VII. Étude de quelques grandes questions économiques présentant un intérêt général.

Sans prétendre établir ici une liste limitative, nous indiquerons quelles pourraient être quelques-unes des questions traitées :

Les grands ports de commerce et les principaux marchés du monde. Champ d'action de chacun d'eux.

Les grandes routes de commerce international; principales lignes de navigation et grandes compagnies maritimes françaises et étrangères.

Les grandes lignes télégraphiques; les principaux câbles sous-marins.

Les grandes voies ferrées du monde.

Les principaux canaux; canaux fluviaux et canaux maritimes.

La colonisation; colonies de peuplement et colonies d'exploitation.

Situation des principales puissances colonisatrices.

ARITHMÉTIQUE ET CALCUL ALGÉBRIQUE.

HORAIRE.

1re année	3 heures
2e année	3 —
3e année	2 —

INSTRUCTION PÉDAGOGIQUE.

L'enseignement de l'arithmétique aura toujours un caractère essentiellement pratique.

Le professeur ne perdra jamais de vue que la rapidité et la sûreté dans le calcul sont de première importance pour un commerçant. Il réservera donc aux exercices de calcul rapide écrit ou mental une partie de chaque leçon ou, suivant le cas, une leçon tout entière. Les opérations à effectuer devront avoir pour but la solution d'un problème si simple qu'il soit, afin de tenir l'attention de l'élève en éveil et faciliter l'effort de sa mémoire.

Les sujets d'exercice seront autant que possible empruntés à la pratique des affaires. Ils auront surtout pour objectif la reproduction des opérations qui s'accomplissent le plus fréquemment dans le commerce.

Le calcul algébrique n'est d'ailleurs enseigné que dans un but de généralisation des principes étudiés en arithmétique, et la résolution des équations n'intervient qu'en vue des applications pratiques.

PROGRAMME.

PREMIÈRE ANNÉE.

Introduction. — Notions du nombre entier et du nombre fractionnaire.

Opérations sur les nombres entiers. — Numération décimale. Quelques mots sur les divers systèmes de numération.

Chiffres romains.

Addition, soustraction, multiplication, division des nombres entiers. Justifier par des raisonnements simples et des exemples les règles pratiques pour effectuer ces opérations.

Ajouter à un nombre ou en retrancher une somme ou une différence. Multiplier ou diviser par un nombre une somme, une différence, un produit de facteurs. Multiplier ou diviser un produit de facteurs par un autre produit de facteurs.

Application de ces principes au calcul rapide.

Carré et cube d'un nombre, d'un produit de facteurs, d'une puissance d'un nombre.

Table de multiplication des 15 premiers nombres entre eux. Exercices de multiplication rapide par 11, 12, 15, 25, 125, etc., par un nombre voisin d'un nombre rond tel que 29, etc.

Nombreux exercices. Problèmes avec l'emploi de lettres pour représenter les inconnues lorsque ces problèmes conduisent à des équations numériques très simples du premier degré.

Opérations sur les nombres décimaux.

Formation et écriture des nombres décimaux. Opérations sur les nombres décimaux. Justifier par des raisonnements simples les règles pratiques appliquées.

Limite de l'erreur commise en supprimant un ou plusieurs chiffres à la droite d'un nombre décimal. Règle pratique pour obtenir à moins d'une unité décimale donnée le quotient de deux nombres entiers ou décimaux.

Exercices.

Règle du tant pour cent exprimé par un nombre entier ou décimal.

Exercice sur le tant pour cent du prix d'achat et le tant pour cent du prix de vente.

Divisions rapides par 5, 0,5, 0,05, 0,01, 1,5, 10, 25, 2, 5, 0,25, etc.

Propriétés des nombres entiers.

Divisibilité. Définition. Caractères de divisibilité par 2 et 5, par 4 et 25, par 8 et 125, par 3 et par 9, par 11 (sans théorie).

Preuve par 9 et par 11 de la multiplication et de la division.

Cas où la preuve ne peut indiquer l'erreur commise.

Mesure des grandeurs.

Système métrique. Longueurs, surfaces, volumes, poids et densités, monnaies. Relations entre les diverses mesures. Applications de quelques règles relatives à l'évaluation d'aires et de volumes simples. Exemples de changements d'unité. Nombreux exercices.

Notions sur les quelques anciennes mesures encore en usage dans la région.

Racine carrée. — Définition. Pratique de l'extraction de la racine carrée d'un nombre entier ou décimal à moins d'une unité d'un ordre décimal donné. Applications.

Notions élémentaires sur les rapports, les proportions et les grandeurs proportionnelles.

Règles de trois simple ou composée, directe ou inverse.

Intérêt simple. Formule générale. Solution de problèmes fondamentaux par la règle de trois et par la formule générale. Calcul de l'intérêt par les méthodes rapides employées dans les banques : méthode des nombres, méthode des parties aliquotes du temps, du taux et du capital. Calcul rapide lorsque le taux est fractionnaire.

Nombreux exercices.

DEUXIÈME ANNÉE.

Nombres premiers. — Définitions. Tableau des nombres premiers inférieurs à 100. Décomposition d'un nombre en facteurs premiers. Formation du plus grand commun diviseur et du plus petit multiple commun de nombres divisés en facteurs premiers (sans théorie).

Nombres fractionnaires. — Définitions. Relations des grandeurs de deux fractions.

Simplification. Réduction d'une fraction à sa plus simple expression. Réduction au même dénominateur. Opérations sur les fractions.

Nombreux exercices.

Transformation d'une fraction ordinaire en fraction décimale et réciproquement (sans théorie).

Calcul d'un pourcentage exprimé par un nombre fractionnaire.

Rapports. Proportions. Grandeurs proportionnelles.

Rapport de deux grandeurs de même espèce ou de deux nombres. Assimiler le rapport de deux nombres à une fraction, à un quotient et lui appliquer les mêmes règles de calcul qu'aux fractions ordinaires (multiplication, réduction au même dénominateur, etc.).

Proportions. Principe fondamental. Calcul d'un terme. Rapport de la somme des numérateurs à la somme des dénominateurs de plusieurs rapports égaux.

Grandeurs proportionnelles. Définitions.

Partages proportionnels. Règles de société.

Escompte.

Problèmes d'échéance moyenne. Problèmes d'échéance commune.

Escompte rationnel. Son application à l'escompte des effets de commerce. Comparaison avec l'escompte commercial.

Compte et calcul des intérêts dans les caisses d'épargne.

Nombreux exercices.

Calcul algébrique.

Extension de l'idée de nombre. Expliquer sur des exemples concrets la nature des nombres négatifs et exposer simplement comment on en fait la somme, la différence, le produit et le quotient.

Termes semblables. Réduction, addition et soustraction des polynômes.

Produit et quotient de deux monômes. Calcul de la valeur numérique d'une formule algébrique donnée.

Résolution de l'équation du premier degré à une inconnue.

Résolution d'un système de deux équations à deux inconnues (pas de théorie).

Application à la solution des problèmes.

TROISIÈME ANNÉE.

Mélanges et alliages.

Problèmes sur les mélanges.

Titre d'un alliage. Affinage des métaux précieux. Matières d'or et d'argent. Calcul de la valeur d'un lingot à Paris (définitions et calculer la valeur intrinsèque et la valeur au tarif).

Systèmes monétaires étrangers.

Systèmes monétaires des principaux pays. Notions générales. Monnaies et poids anglais.

Calcul des nombres complexes.

Définitions. Quelques opérations simples sur les monnaies et poids anglais, sur les mesures du temps et de la circonférence.

Changes.

Explication très simple de la cote des changes de Paris. Achat à Paris d'une lettre de change destinée à régler une dette à l'étranger. Calcul en francs de la dépense. Application de la règle conjointe.

Transformer en francs une somme exprimée en livres sterling et réciproquement.

Exercices nombreux.

Exposer très simplement ce qu'on entend par *gold point.*

Intérêt composé.

Définition. Résolution des problèmes fondamentaux au moyen de tables d'intérêts composés.

Progressions.

Définition des progressions arithmétiques et des progressions géométriques. Calcul d'un terme. Calcul de la somme des annuités des amortissements.

Revision des principales matières étudiées dans les trois années.

Calcul algébrique.

Résolution d'un système de trois équations du premier degré à trois inconnues (sans théorie). Applications à des résolutions de problèmes.

Indiquer sur quelques exemples faciles comment on peut interpréter une solution négative ou une solution indéterminée.

SCIENCES PHYSIQUES ET NATURELLES APPLIQUÉES AUX MARCHANDISES, À L'HYGIÈNE ET À L'ÉCONOMIE DOMESTIQUE.

HORAIRE.

1re année	3 heures.
2e année	3 —
3e année	2 —

NOTIONS PRÉLIMINAIRES DE SCIENCES PHYSIQUES ET NATURELLES.

L'enseignement des sciences physiques et naturelles sera considéré comme une introduction à l'étude des marchandises, de l'hygiène et de l'économie domestique.

(Voir Instructions pédagogiques et programmes de la Section industrielle, p. 53.)

MARCHANDISES.

INSTRUCTIONS PÉDAGOGIQUES.

L'étude des questions énumérées au programme aura un caractère nettement commercial. Elle portera surtout sur l'origine, la production, les conditions de présentation, d'emballage, de transport, les causes d'altération et les falsifications des marchandises. En résumé, on insistera beaucoup plus sur le produit fabriqué que sur les procédés de fabrication.

On s'appuiera sur les seules connaissances acquises par l'élève, en ayant soin de les rappeler d'un mot, à l'occasion, de façon à donner à l'exposé toute la clarté désirable. On évitera les développements abstraits, pour s'attacher aux questions d'ordre immédiatement utilitaire. Pour donner de la vie et de la réalité à cet enseignement, on multipliera les expériences et on montrera aux élèves, sous leurs différentes formes commerciales vraies, les produits et les objets qu'on aura à étudier, on insistera sur les avantages et les inconvénients de chaque sorte de marchandises, sur les qualités à faire ressortir pour en favoriser la vente ou l'utilisation, sur les différences de prix correspondant aux différences d'aspect.

Il a été laissé au programme assez d'élasticité pour qu'il soit possible d'en moderniser constamment l'interprétation et d'en adapter le caractère aux besoins de la région.

PROGRAMME.

Bois et combustibles. — Bois, diverses essences; entretien et conservation du mobilier.

La production du feu.

Combustibles solides, liquides et gazeux; leurs usages dans la vie domestique (le bois et le charbon de bois, la houille et le coke, le pétrole brut et les produits qu'il fournit, l'alcool à brûler, le gaz d'éclairage, le gaz pauvre et l'acétylène).

Minerais, produits métallurgiques et ustensiles de ménage.

Marbre, sable, silex, craie, talc, mica, amiante, pierre ponce, ardoise, argile, kaolin, etc.

Alliages, zinc, applications domestiques. Étain, étamage, plomb (conduites d'eau et de gaz). Cuivre (vases de cuivre), bronze, laiton. Nickel, aluminium. Fer, fontes et aciers, coutellerie. Métaux précieux et leurs applications à la bijouterie et à l'orfèvrerie.

Les pierres précieuses et la joaillerie.

Le verre et les produits céramiques.

Commerce et emploi des produits de la grande industrie chimique. — Ozone. Eau oxygénée. Chlore, chlorures décolorants, acide chlorhydrique. Soufre et ses principaux composés. Acide azotique. Salpêtre. Sels ammoniacaux. Acide carbonique, sa production, ses usages. Le sel de cuisine, la soude, la potasse et leurs carbonates.

Alimentation. — Eaux minérales et gazeuses.

Céréales, plantes légumineuses, tubercules. Fruits. Commerce de primeurs.

Conserves de légumes et de fruits. Produits farineux et leurs dérivés : le pain, les pâtes alimentaires, la pâtisserie. Glucose. Plantes saccharifères, sucre. Alcool et boissons fermentées : vin, bière, cidre, hydromel, etc., sirops et liqueurs. Vinaigre. Huiles et beurres végétaux employés dans l'alimentation.

Cafés, thés, cacaos, chocolat.

Épices et condiments.

Viandes fraîches, volaille, poisson, gibier. Lait frais, condensé et stérilisé. Beurre et margarine. Fromages. Œufs.

Conserves de viandes et de poissons.

Produits agricoles non alimentaires, dérivés et succédanés. — Matières textiles, végétales et animales. Fils, tissus, dentelles. Industrie du vêtement. Soie artificielle. Papier et cartonnage. Colorants naturels et rôle de la chimie dans la production des matières tinctoriales. La teinture et l'impression.

La fleur artificielle.

Produits oléagineux, corps gras, savons, bougies, glycérines, cires, etc.

Caoutchouc et gutta-percha.

Commerce des essences et des parfums.

Camphre, celluloïd, matières plastiques.

Produits de la dépouille animale et produits analogues. — Cuirs et peaux (chaussures, fourrures, commerces divers).

Os, ivoire, corne, écaille.

Plumes et poils (ornements et fantaisies pour modes).

Colles et gélatines.

Produits d'industries diverses. — Commerce des produits et des appareils photographiques.

Couleurs et pigments minéraux; laques, vernis, couleurs au pinceau, encres, cirages, encaustiques, etc.

HYGIÈNE ET ÉCONOMIE DOMESTIQUE.

Même programme que pour la Section industrielle. (Voir p. 56.)

CALLIGRAPHIE. STÉNOGRAPHIE. DACTYLOGRAPHIE.

HORAIRE.

1re année	3 heures.
2e année	3 —
3e année	3 —

INSTRUCTIONS PÉDAGOGIQUES.

Ces trois matières d'enseignement se complètent l'une par l'autre. Leur ensemble constitue une des parties essentielles du programme de la section commerciale.

On doit, autant que possible, les confier au même professeur.

En première année, un tiers du temps, c'est-à-dire une classe d'une heure, pourrait être consacrée à la sténographie; les deux autres classes, à la calligraphie et à la dactylographie.

Le nombre des machines à écrire dont une école peut disposer étant généralement inférieur au nombre des élèves d'une même division, il y aurait lieu d'organiser l'enseignement de telle manière que la calligraphie et la dactylographie soient enseignées simultanément dans la même séance. A cet effet, les élèves, divisées en deux groupes, seraient alternativement occupées à la machine à écrire et aux exercices d'écriture (en moyenne, une demi-heure d'écriture et une demi-heure de dactylographie pour chaque élève).

On procéderait de même dans les années suivantes, avec cette différence cependant que l'enseignement de la sténographie prendrait la moitié du temps prévu par l'horaire-type, c'est-à-dire une classe sur deux.

STÉNOGRAPHIE.

Lorsque les élèves seront assez habiles pour sténographier sous la dictée, une partie de la séance sera consacrée à la traduction écrite du texte sténographié. Cette traduction deviendra à la fois un exercice d'écriture et un exercice d'orthographe.

En troisième année, le cours pourra être complété par des exercices de métagraphie et de machine à sténographier.

CALLIGRAPHIE.

L'écriture sera professée méthodiquement.

Nous conseillons le modèle tracé au tableau noir ou dessiné à l'avance sur une grande feuille de papier de couleur. Au début de la leçon, ce modèle fera l'objet d'un exposé technologique dont la durée ne doit pas dépasser huit ou dix minutes.

En aucun cas, il ne sera fait usage de modèles individuels lithographiés.

Les exercices de première année pourront avoir lieu dans l'ordre suivant :

1er trimestre. — Étude de la cursive et des majuscules.

2e trimestre. — Exercices de ronde et de bâtarde.

3e trimestre. — Exercices composés. Combinaisons.

Au cours des deux derniers mois de l'année : exercices à la plume à dessin; cursive et bâtarde de fantaisie en demi-grandeur, 3 millimètres.

La deuxième année sera consacrée à la rédaction de lettres de commerce et à la copie de circulaires, de pièces comptables.

La composition de pièces comptables avec combinaison de titres et sous-titres sera réservée à la troisième année. L'élève exécutera sur une simple donnée le travail qui lui sera demandé.

DACTYLOGRAPHIE.

Dès que l'élève se sera suffisamment familiarisée avec le clavier de la machine à écrire, elle s'occupera de préférence :

1° De la production des exercices de sténographie dont la traduction aura été faite dans les leçons précédentes;

2° De la copie de lettres ou circulaires rédigées pendant les leçons d'écriture.

En deuxième et en troisième année seulement, elle reproduira des pièces comptables telles que mémoires, factures, bordereaux, etc., avec titres, sous-titres et réglures.

Dans la notation des devoirs, il sera tenu compte de la vitesse.

Nota. Les devoirs d'élèves seront annotés par le professeur et classés par leçons d'après le procédé en usage au cours de dessin.

MORALE.

HORAIRE.

1re année.. 1/2 heure.
2e année.. 1/2 heure.
3e année.. 1 heure.

Même programme que pour la Section industrielle. (Voir page 28.)

HISTOIRE.

HORAIRE.

1re année................................ 1 heure.
2e année................................ 1 heure.
3e année................................ 1 heure par quinzaine.

Même programme que pour la Section industrielle. (Voir page 38.)

DESSIN.

HORAIRE.

1re année.................................... 1 h. 1/2
2e année.................................... 1 h. 1/2
3e année.................................... 1 h. 1/2

INSTRUCTIONS PÉDAGOGIQUES.

L'élève qui peut être destinée à devenir vendeuse devra apprendre à résumer avec précision, en un schéma rapide, les desiderata de l'acheteur, et en concilier l'esprit avec les nécessités commerciales et techniques de l'exécution.

Il faudra donc lui enseigner à voir vite, juste, et à raisonner logiquement sur un projet proposé.

Son éducation devra conserver, pour toutes les matières et à tous les états progressifs, un caractère plutôt théorique; *l'imitation* étant limitée au croquis à main levée et à vue, suivi d'exercices mnémotechniques.

L'étude de la *composition décorative* tendra à développer le sens critique plutôt que le sentiment de l'invention originale.

La connaissance des principes du dessin et de la composition s'appliquera surtout à la modification ou à la transformation d'un modèle donné, soit en proportion, soit en motif, en disposition ou en coloration: en un mot, à son adaptation harmonique, selon une destination spéciale projetée. Elle s'appliquera également, dans chacune des industries spéciales, à la disposition d'étalages d'objets et au caractère d'art de leur présentation.

Une éducation esthétique devra préparer l'élève à connaître et à expliquer le caractère artistique des modèles présentés à l'acheteur, à en discuter les mérites et les critiques avec discernement.

L'enseignement sera réparti en trois années.

Les deux premières années seront consacrées à l'étude du dessin proprement dit et des principes généraux de la composition.

La troisième année sera surtout consacrée à la théorie des arts du dessin et de leurs applications aux différentes industries enseignée *oralement* avec explications graphiques au tableau, reproduites en notes et en croquis par l'élève.

PROGRAMME.

PREMIÈRE ANNÉE.

Étude des figures à deux dimensions.

Imitation. — Dessin linéaire : principe de la division des surfaces.

Croquis d'ornements linéaires.

Croquis d'ornements dérivés des éléments naturels (feuillages, rinceaux, etc.).

Croquis de feuillages naturels à plat.

Composition. — Disposition de motifs linéaires et d'éléments naturels dans des espaces de formes et de dimensions déterminées.

Répétition, symétrie, asymétrie, proportion des formes planes.

Nombreux exercices de mnémotechnie.

DEUXIÈME ANNÉE.

Étude des figures à trois dimensions.

Imitation. — Croquis d'après les solides géométriques, les objets usuels et les ornements en relief.

Croquis de plantes d'après nature.

Composition. — Invention et décor des formes en relief.

Exercices de mnémotechnie.

TROISIÈME ANNÉE.

Cours oraux avec dessins au tableau, et présentations d'objets appartenant aux diverses industries d'art.

Notes, croquis et exercices de mémoire sur :

1° Les principes généraux de la composition décorative appliquée aux diverses industries d'art.

2° La théorie de la couleur expliquée d'après des échantillons de matières différentes, et en vue de leur harmonie spéciale et des harmonies d'ensemble. (Application aux étalages.)

3° L'histoire et l'esthétique comparée des styles ornementaux enseignée surtout par la vue.

ENSEIGNEMENT MÉNAGER.

HORAIRE.

1re année	6 heures.
2e année	4 —
3e année	4 —

Même programme que pour la Section industrielle. (Voir page 62.)

TABLE DES MATIÈRES.

SECTION INDUSTRIELLE.

SECTION COMMERCIALE.

www.ingramcontent.com/pod-product-compliance
Ingram Content Group UK Ltd.
Pitfield, Milton Keynes, MK11 3LW, UK
UKHW020357230726
13925UKWH00003B/1166

9 782013 690799